AF346589

ÉDOUARD MONNIER

ÉDOUARD MONNIER

(1829-1900)

SOUVENIRS DE SA VIE ET DE SON ŒUVRE

PUBLIÉS PAR

Henri MONNIER

Pasteur.

PARIS

LIBRAIRIE FISCHBACHER

Société anonyme

33, RUE DE SEINE, 33

—

1904

A L'ÉGLISE RÉFORMÉE
DE SAINT-QUENTIN

A cette Eglise à laquelle Edouard Monnier a donné le meilleur de son âme, ce livre est dédié. Elle y retrouvera la figure du pasteur dont la vie a été pendant plus de quarante ans liée à la sienne, et ces souvenirs d'un passé déjà lointain, qu'il aimait à rappeler. En recevant l'appel de l'Eglise de Saint-Quentin, Edouard Monnier avait eu le sentiment que c'était là qu'il devait vivre et mourir. Ces pages aideront ceux qu'il aimait à se souvenir de lui.

CHAPITRE PREMIER

LA MALGRANGE

I

Le château de la Vieille-Malgrange, où naquit Edouard Monnier, est situé dans la banlieue de Nancy, près du village de Jarville, au bord du plateau qui domine la vallée de la Meurthe (1). C'est un grand bâtiment à deux étages, ombragé par d'antiques sapins et flanqué d'une ferme. Devant le château se développe une haute et profonde charmille, dont la structure savante rappelle les allées de Versailles. A côté de la charmille, s'étend un verger assez vaste. Derrière le château, il y a une vigne et un vivier (un *guéoir*, pour parler le langage du pays). Des fenêtres de la Malgrange, la vue s'étend sur les paisibles collines de Vendœuvre.

Château, si l'on veut, mais plutôt vieux manoir

(1) La Malgrange renferme actuellement un asile de sourds-muets

rustique et patriarcal, qui semblait fait pour abriter une de ces traditions de famille où les générations successives vont chercher leur force et leur appui.

Edouard Monnier, qui a vaillamment renoncé, au cours de sa carrière, à beaucoup de choses, n'a eu qu'un regret persistant : le regret de sa chère Malgrange. Jusqu'à la fin, ses rêves l'y ont transporté. Il n'a pas cessé d'avoir dans les yeux les grands sapins, la charmille, le verger surtout, d'une fantastique richesse, dont les fruits rappelaient le pays de Canaan, enfin tout un passé d'enfance et de jeunesse qui lui offrait, idéalisé par le temps, l'image du plus parfait bonheur.

Quand il naquit, le 14 décembre 1829, il y avait bien des années que la Malgrange appartenait à la famille Monnier.

Ce n'était point que la fortune des Monnier fût d'ancienne date. Le premier ancêtre connu, Léonard Monnier (1650-1694), était un cultivateur de Loroy, en Franche-Comté. Son petit-fils, Augustin, qui était le cadet de quatorze garçons, s'engagea dans les Gendarmes rouges, et y gagna les galons de sergent. On l'avait surnommé Bellerose à cause de son teint florissant. Il vint à Nancy avec son régiment, après la réunion de la Lorraine à la France. Il fut retraité officier du Roi en 1775. C'était le type du soldat de fortune, joyeux, bon vivant et brave ; fort honnête homme au demeurant.

Son fils, Jean-Claude Monnier, fut un homme pra-

tique. Il entra dans l'administration des postes (1).
Il se lia avec son compatriote Ney, dont il épousa
la sœur. Devenu receveur général de la Meurthe,
en 1807, il acheta la Malgrange.

Poussé par la haute fortune de son beau-frère,
Jean-Claude Monnier était devenu un personnage.
Le maréchal avait des sentiments de famille ; à son
affection pour les siens se mêlait — qui donc, à
notre époque, s'en pourrait scandaliser ? — une
pointe de népotisme. On en pourra juger par cette
lettre qu'il écrivait à son beau-frère, et qui, nous
avons à peine besoin de le dire, ne figure dans
aucune biographie :

« Je vous adresse avec grand plaisir, mon cher
Monnier, votre nomination de Chevalier de la Légion
d'honneur, que son Altesse Royale a bien voulu m'envoyer ce matin avant son départ d'ici pour Vesoul. Je
pense que vous vous occuperez à former un majorat
de chevalier, afin de transmettre ce titre à l'aîné de vos
enfants. Plus tard, nous songerons à vous faire accorder
le titre de baron, de sorte que vos deux enfants seront
titrés, ce qui, dans un gouvernement monarchique,
facilite leur avancement, soit dans les emplois civils,
soit dans les emplois militaires. Adieu, mon cher
Monnier, ayez bien soin de mon père, et recommandez-

(1) Il serait injuste de ne pas rappeler que ses débuts
avaient été héroïques. En 1792, il s'était engagé — il n'a-
vait que quinze ans — et il avait été blessé dans l'Argonne,
quelques jours avant Valmy.

lui particulièrement de se conserver jusqu'au delà de 100 ans. C'est un mérite bien rare et toujours un beau souvenir pour une famille de compter une longévité si heureuse et si vertueuse. J'embrasse mon père et ma sœur et fais mille vœux heureux pour vos enfants.

Votre bon frère,

Le maréchal NEY.

Besançon, le 28 octobre 1814.

Il existait d'ailleurs entre les deux beaux-frères une vraie intimité. Quand le maréchal fut condamné à mort, il chargea Jean-Claude Monnier d'annoncer à son vieux père la fatale nouvelle. La lettre est fort belle : bien qu'elle soit déjà connue, elle vaut d'être réimprimée ici :

Au Luxembourg, le 7 décembre 1815.

4 heures du matin.

Mon cher Monnier, mon procès est terminé ; l'huissier de la Chambre des Pairs vient de me lire la sentence qui me condamne à la peine de mort ; ménagez cette nouvelle à mon bon père, qui est sur les bords de la tombe. Avant vingt-quatre heures, je paraîtrai devant Dieu, avec des regrets amers de ne pas avoir pu être plus longtemps utile à ma Patrie ; mais il saura, ainsi que je l'ai dit devant les hommes, que je me sens exempt de remords. Embrassez ma femme, dites mille choses pour moi à vos enfants. Ils aimeront, je l'espère, malgré la terrible catastrophe qui me frappe, leurs bons petits cousins. Adieu pour jamais, je vous embrasse avec tous les sentiments d'un bon frère.

Le maréchal prince de la Moskowa,

NEY.

La disgrâce de Ney eut un retentissement sur la carrière de son beau-frère. Jean-Claude Monnier, en 1814, s'était rallié aux Bourbons, qui l'avaient décoré. Il avait suivi la volte-face de Ney, et l'Empereur l'avait fait baron (1). Quand les Bourbons revinrent, leurs représailles furent douces : ils se bornèrent à exiger que le receveur de la Meurthe remplît à ses frais la caisse départementale, que les Cosaques avaient vidée. Jean-Claude Monnier exerça encore quelque temps ses fonctions, puis il se retira à la Malgrange. L'inaction lui fut fatale : il mourut peu après.

Son fils Auguste épousa la fille du maréchal Molitor. Il possédait à un haut degré cette persévérance, cette énergie obstinée, et aussi cet attachement au terroir, qui caractérisent l'âme lorraine (2). Sa femme était une frêle et douce créature, d'un charme exquis, d'une intelligence péné-

(1) Survint le désastre de Waterloo, puis la mort tragique du maréchal. On comprend que Jean-Claude Monnier n'ait pu se décider à porter un titre qui lui rappelait de tels souvenirs.

(2) Voir les belles pages que Maurice Barrès, dans *Un homme libre*, a consacrées à l'âme lorraine.

trante. Nous avons retrouvé des lettres qui datent
de l'époque de leurs fiançailles : il s'en dégage un
parfum très doux, comme de ces brins d'herbe
desséchés d'où s'exhale encore la senteur des printemps d'autrefois. Elle avait une nature grave, un
peu triste, très pure : « J'ai été aujourd'hui à Tomblaine par le plus beau temps du monde, écrivait-
elle à son fiancé ; je me suis promenée ; cela m'a
rendu le goût des plaisirs de la campagne. Combien les autres me paraissent ennuyeux : les bals,
les réunions ! J'en suis plus dégoûtée que jamais ! »

D'autres lettres permettent de suivre la courbe
de cette incomparable affection qui les unissait, et
qui n'a fait que grandir avec le temps. En 1830,
Auguste Monnier écrit de Paris à sa femme : « Ma
chère bonne petite femme, je n'ai pas reçu de lettres
de toi depuis deux jours, et vraiment je deviens
inquiet... Il faut vous dire, madame, que depuis
une demi-heure je suis devant mon secrétaire,
pensando di vo, et heureux de songer que je vais te
revoir. Oui, bonne amie, c'est là seulement qu'est le
bonheur. Mon enfant et toi. »

« Mon enfant », c'était le petit Edouard, qui
venait de naître. Il avait été baptisé par le bon curé
de Jarville, qui ne se doutait guère que l'Eglise
romaine venait d'accueillir dans son giron un futur
champion du protestantisme. Toute la famille était
catholique ; et personne ne songeait qu'il pût en
être jamais autrement.

Trois ans après, nouvelle lettre de Paris :

« Songe à moi, chère bonne petite femme, et prie sincèrement pour moi. J'en fais autant, et je prie souvent avec toi et tes enfants... Il est inutile de te dire que je t'aime, c'est une suite naturelle du christianisme. Qui aimerais-je que toi, ma femme, ma compagne, ma confidente, ma bien bonne amie? puissions-nous être sanctifiés l'un et l'autre, et nous aurons toujours l'amour vrai. »

C'est toujours la même tendresse : ce sont presque les mêmes termes. Mais d'autres expressions surgissent, qui communiquent aux anciennes un sens nouveau, plus profond et plus intense. La prière vient ajouter à cet amour une force de plus. Que s'est-il passé dans cet intervalle de trois ans? Une conversion.

L'histoire vaut d'être rappelée en détail.

II

Auguste Monnier et sa femme étaient partis pour l'Italie. Ils devaient s'y acheminer en traversant l'Alsace et la Suisse. Ils voyageaient en berline, suivant l'usage du temps.

Peu après la traversée des Vosges, une roue vint à se casser. Le postillon déclara qu'il fallait conduire la voiture au plus proche village, qui était Fouday; et là, il proposa aux voyageurs, pour occuper le temps, de visiter le tombeau d'Oberlin.

Précisément, Auguste Monnier avait reçu, quelque temps auparavant, d'une main inconnue, un numéro du *Semeur* racontant la vie d'Oberlin. Il avait lu avec intérêt cette histoire : il se laissa donc conduire au tombeau du patriarche du Ban-de-la-Roche.

Le cimetière de Fouday est blotti au pied des montagnes, dont les parois sont vêtues d'une herbe rase. La claire Girgoutte murmure dans le voisinage. On est séparé des maisons du village par un rideau de verdure. Les tombes entourent la petite église. C'est, sous les saules et les cyprès, parmi les grandes ombellifères. un coin de silence et d'ombre, où se garde, intacte, la poésie du passé.

La tombe d'Oberlin domine les autres, qui se serrent contre elle, comme si les morts avaient voulu chercher un refuge auprès de celui qui avait été le soutien de leur vie. L'épitaphe de « Papa Oberlin » constate qu'il fut pendant cinquante-neuf ans « le père du Ban-de-la Roche ». Les tombes de ses enfants spirituels rendent témoignage à son œuvre.

Les voyageurs lurent l'épitaphe de Louise Scheppler, « fidèle servante et collaboratrice de papa Oberlin, chrétienne humble, conductrice de la jeunesse » ; celle de Jean-Luc Le Grand et de Rosine, son épouse : « Il fut le tendre ami de la jeunesse ; et elle, la mère des pauvres »...

Cependant, des gens du village avaient couru chez Daniel Le Grand, le collaborateur d'Oberlin,

pour lui annoncer que « des Anglais » étaient
venus voir le cimetière.

Daniel Le Grand considérait tous les visiteurs
de Fouday comme des hôtes, et il tenait à leur faire
lui-même les honneurs de son village. Il arriva en
toute hâte, aborda les inconnus, et les invita fort
courtoisement à descendre chez lui. Ils hésitèrent ;
il insista ; finalement, ils se décidèrent à rester. Il
leur parla longuement d'Oberlin. Ils furent sous
le charme. Quand on se quitta, avec promesse de
s'écrire, on était, de part et d'autre, amis pour la vie.

En considérant cette grande figure d'Oberlin,
évoquée d'une façon si saisissante devant eux, et
aussi, il faut bien le dire, en voyant l'intérieur
patriarcal de Daniel Le Grand, si paisible et si
grave, M. et madame Monnier ressentirent pour la
première fois la véritable sensation religieuse. Jusqu'alors, ils ne savaient guère ce que c'était que la
religion. La société impériale, catholique par bien-
séance, était saturée de Voltaire et de Rousseau.
Madame Monnier avait été élevée dans un milieu tout
à fait libre de préjugés religieux, entre son père,
Molitor, un soldat de la Révolution, et sa mère,
fille de Becker, un conventionnel assez raison-
nable, qui avait eu l'intelligence de se taire, mais
qui, pour garder sa tête sur ses épaules, avait dû
voter la mort du roi. Elle avait entendu le bon
curé de Tomblaine, resté fidèle au culte des grandeurs anciennes, et tout imbu de préjugés d'un
autre âge, l'appeler « la fille Molitor », en réser-

vant l'appellation de « Mademoiselle » pour celles
de ses compagnes qui appartenaient à la vieille
noblesse. Elle se souvenait d'avoir copié, avec ses
amies, des listes de péchés, qu'elle apprenait ensuite par cœur, pour avoir quelque chose à dire à
son confesseur, — au grand effroi du digne prêtre,
qui, en l'entendant s'accuser des crimes les plus
épouvantables, s'écriait : « Mais, mon enfant, ce
n'est pas possible ! » La religion consistait pour
elle en un cérémonial prescrit par les convenances,
mais dont il était chimérique de chercher à perce-
voir le sens. C'était une âme toute éprise d'idéal.
Mais elle cherchait l'idéal où elle pouvait. Sa
bibliothèque était composée presque exclusivement
d'ouvrages de philosophie du xviiie siècle. Elle
lisait avec enthousiasme Rousseau, dont elle avait
fait relier les œuvres en livre de messe, pour pouvoir les emporter à l'église. Elle en était, en religion, à la confession de foi du vicaire Savoyard.
Les Pensées de Marc-Aurèle étaient son bréviaire.
Cependant, rien de tout cela ne pouvait satisfaire une âme aussi haute : elle cherchait toujours.

Au Ban-de-la-Roche, elle eut le sentiment d'avoir
trouvé. Ce fut, pour son mari comme pour elle, un
véritable coup de la grâce.

Bientôt, leur décision fut prise. Ils voulaient
rompre avec leur passé ; ils voulaient appartenir à
l'Église qui avait, au pays d'Oberlin, opéré de tels
miracles.

Ils allèrent trouver le pasteur de Nancy, qui les

reçut froidement. L'affaire était grave, et pouvait être grosse de conséquences. Quelque peu rafraîchis par cet accueil, ils se décidèrent cependant, sur le conseil de Daniel Le Grand, à profiter d'un voyage dans le Midi, pour aller voir à Lyon Adolphe Monod, « un de nos premiers prédicateurs, jeune homme plein de foi, écrivait M. Le Grand. Le consistoire de Lyon a provoqué sa destitution : il a maintenant sa chapelle et son petit troupeau de fidèles. »

Adolphe Monod les accueillit avec gravité. Il leur montra en termes saisissants la grandeur de la conversion, il leur fit apercevoir toute l'étendue des sacrifices qu'elle comporte. D'autres, après cet entretien, auraient reculé. Ils revinrent, plus résolus que jamais à se donner à Jésus-Christ. Alors, Adolphe Monod s'adoucit, et les encouragea. Il reçut leurs engagements. Puis, désireux de connaître la grande famille spirituelle dans laquelle ils entraient, ils poussèrent jusqu'à Nîmes, à Marseille, à Mens, où ils recherchèrent les traces de Félix Neff ; ils passèrent l'hiver à Genève, où ils firent la connaissance de MM. Bost, Lhuillier, Empeytaz, Tronchin. Au retour de ce voyage (1), Auguste Monnier écrivit à Daniel Le Grand : « Je n'ai jamais si bien senti qu'à présent combien a été heureux le jour où je suis entré pour la pre-

____

(1) Le 13 juin 1833.

mière fois à Fouday. C'est de ce jour que j'ai commencé à entrevoir le christianisme. Après Dieu, c'est à vous et à M. Monod que nous devons, ma femme et moi, d'avoir enfin aperçu la lumière qui dirige vers la paix. Que le Seigneur vous bénisse pour ce bien que vous nous avez fait. » Et après lui avoir raconté son voyage, il ajoutait : « Maintenant, nous voici de retour à Nancy, seuls, mais en présence de Celui qui nous a appelés et qui ne nous délaissera pas. Priez cependant quelquefois pour nous : le monde nous entoure, et les mauvaises habitudes, les combats vont commencer. »

A cette lettre, Daniel Le Grand répondit aussitôt : « Votre lettre a rempli mon cœur d'une joie indicible. Que le Seigneur soit loué de son contenu, que son Esprit vous anime et vous fortifie !

« Oui, la communion avec des frères comme MM. Monod, Bost, Lhuillier et Empeytaz doit avoir fait du bien à vos âmes. Quant à moi, je ne suis qu'un de ces poteaux placés au bord des routes, là où elles se croisent, pour indiquer aux voyageurs celle qui conduit à bon port. »

Cette lettre est du 17 juin. Le 26 juin, M. Frédéric Monod accusait réception à madame Monnier d'une caisse renfermant :

Un écrin de turquoises ;
Un écrin d'opales ;
Un bracelet de turquoises ;
Une bourse en or ;

Un voile brodé ;

Une pièce de mousseline, et deux pièces de tulle brodé.

Les deux écrins étaient destinés à l'Eglise évangélique de Lyon ; le reste, à la Société Evangélique de Paris.

A cette occasion, M. Frédéric Monod témoignait à la donatrice « la vive joie » dont il avait été pénétré « à la vue de ces idoles déposées par la foi et par l'amour au pied de la croix de notre adorable Sauveur, et destinées maintenant à avancer ce règne de paix et de sainteté auquel elles mettaient naguère obstacle. »

Ce sont là les idées et le style d'une époque qui nous paraît déjà lointaine ; et il ne viendrait plus à l'idée de personne, aujourd'hui, que de modestes turquoises aient le redoutable privilège d'empêcher l'avènement du Royaume. Cependant, il ne faut point se trop hâter de sourire. De tels sacrifices avaient alors une haute signification. Ils étaient l'expression visible et palpable d'une rupture définitive avec le monde (1). Les turquoises étaient peu de chose, mais ce qu'elles signifiaient n'était pas peu de chose. C'était une vie nouvelle qui commençait.

Adolphe Monod se réjouit de cet acte où s'attes-

____

(1) Madame Monnier avait donné tout ce qu'elle possédait en fait de bijoux.

taient de si fermes résolutions. « Je rends à Dieu, écrivit-il à madame Monnier, de vives actions de grâces pour l'œuvre admirable qu'il a faite en vous et en M. Monnier ; pour la foi qu'il a mise dans vos cœurs, et pour les fruits de charité qu'il lui a déjà fait porter, et qui serviront tout à la fois, pour ceux qui en entendront parler, à leur faire glorifier Dieu à votre sujet (1), et pour vous-mêmes, à vous affermir l'un et l'autre dans la foi et à vous faire croître dans la sanctification. Je veux parler non seulement du généreux secours que M. Monnier a accordé à l'Eglise évangélique de Lyon, mais encore de ceux que vous avez transmis à Paris pour cette même œuvre, et pour celle de la Société évangélique. Que Dieu vous rende au centuple ce que vous faites pour lui ! Ceci me rappelle un mot d'un chrétien d'Amérique, qui, en déposant une généreuse contribution pour un objet appartenant à l'avancement du règne de Dieu, disait : Je suis reconnaissant envers Dieu de ce qu'il m'a donné la faculté de le faire, et plus reconnaissant encore de ce qu'il m'en a donné la volonté. »

III

Les papiers de famille que nous analysons n'ont

(1) La conversion de M. et de madame Monnier, et celle de leur excellent ami, M. Merlin de Thionville, devaient fournir à Adolphe Monod le fond de son roman religieux, *Lucile.*

conservé presque aucune trace de ces conflits intimes, de ces déchirements qui suivirent la conversion.
Ils durent avoir cependant quelque chose de tragique. La propre fille d'un maréchal de France, le
propre neveu du maréchal Ney, apparentés à la meil-
leure noblesse d'Empire, occupant en Lorraine une
si haute situation, rompaient d'une manière éclatante
avec le catholicisme. Peu de conversions deman-
dèrent autant de courage. Il y eut du refroidisse-
ment dans certaines relations de famille, mais la
parole de l'Evangile se réalisa pour les nouveaux
convertis : ils retrouvèrent au centuple ce qu'ils
avaient perdu. Leurs nouveaux coreligionnaires les
accueillirent avec chaleur. En ces temps de réveil,
il existait entre les chrétiens de tous les pays une
fraternité d'âme peut-être unique dans l'histoire
moderne. Il faut remonter à l'Eglise primitive pour
trouver l'équivalent de cette affection chaude et
profonde que les chrétiens témoignaient aux chrétiens, oublieux de toutes les différences de race et
de caste (non point, hélas! de doctrine ; mais l'E-
glise primitive savait aussi exclure de l'amour fraternel les hérétiques...).

Ces sentiments, où se révèle l'esprit du vrai
christianisme, ont été excellemment traduits par
Frédéric Monod dans la lettre dont nous avons cité
un fragment : « Je n'ai jamais eu le plaisir de
vous voir, mais nous sommes enfants du même Père,
et unis par des liens indissolubles en Celui qui nous
a aimés. » Dans le même ordre d'idées, M. Trou-

chin écrivait : « Si le christianisme était une fic-
tion, il faut avouer que ce serait tout au moins une
belle invention que ce lien indissoluble, éternel qui
unit les enfants de Dieu. Cet amour que l'Evangile
développe est une chaîne bien douce, et met un
charme dans la vie qui explique le vide qu'éprou-
vent les gens du monde qui ne le connaissent
pas. »

Parmi les nouveaux amis de M. et de madame Monnier, il faut mettre à part, pour son originalité, Amy
Bost. Il laissa entre leurs mains le journal dans
lequel il avait consigné ses observations sur une
tentative d'évangélisation qu'il avait faite à Plombières en 1836. C'est un document fort curieux de
la mentalité du Réveil. Les eaux de Plombières
étaient alors très fréquentées, et pour les chrétiens
qui venaient à la Malgrange, c'était un but tout
trouvé : en s'y refaisant la santé, on travaillait à la
conversion des « mondains », qui dans cette ville
d'eaux étaient naturellement légion.

Mais l'amitié la plus chaude, après celle de Daniel Le Grand, fut celle de M. Vaucher-Veyrassat.

M. Vaucher avait longtemps vécu en Angleterre.
Il s'était résolu, en 1829, à quitter les affaires, pour
se rapprocher de sa famille, qui habitait Genève,
et pour s'occuper d'une manière plus suivie « de
l'avancement du règne de Dieu. » Il s'était mis à
administrer une propriété qu'il avait en France, et
qui, située « au milieu d'un grand nombre de villages catholiques, » était « un véritable poste

missionnaire. » Cependant, il sentait avec un malaise toujours croissant qu'il aurait « un compte
sévère à rendre » du temps dépensé dans la gestion de cette propriété. Il désirait se rendre plus
utile. C'est dans ces dispositions d'esprit qu'il
écrivit à M. Monnier (1). « Où aller? disait-il. Où
le Seigneur nous appelle-t-il? Voilà la grande
question qui nous occupe. » Et il ajoutait : « Je me
sens poussé vers les catholiques de France d'une
manière si puissante, que je ne peux pas douter
que ce ne soit au milieu d'eux que je doive aller.
Répandre, ou plutôt faire répandre au milieu d'eux
la Parole de vie, et me livrer, à côté de cela, si
l'occasion s'en présente, à une évangélisation familière, voilà ce qui me semble ma place et mon
devoir. Mon tempérament et mes goûts me demandant un fort exercice corporel et me permettant
d'assez fortes marches sans fatigue, j'ai pensé que
je pouvais entreprendre ce genre de travail, qui
n'est pas possible à tous. » En conséquence, ayant
eu vent d'un projet d'école rurale que M. Monnier
avait élaboré, il demandait à s'occuper de cette
école. Il aurait « une vie qui ne serait différente
en rien de celle des habitants du domaine. » Il
visiterait les districts environnants sur un rayon
de vingt-cinq ou trente lieues. Sa femme s'occuperait « de visites et d'écoles ».

En réponse à cette lettre, M. Monnier invita

____

(1) Le 22 décembre 1834.

M. Vaucher à venir à la Malgrange. Il y vint, avec madame Vaucher, et on se lia d'amitié.

Avec le concours de M. Vaucher, M. Monnier organisa le colportage biblique dans l'Est. Ardent comme le sont tous les néophytes, il aurait voulu transformer aussitôt les colporteurs en évangélistes, et les faire prêcher à la Malgrange. La Société de Genève, qui les fournissait, y vit des difficultés. « Peut-être, écrivait à ce propos M. Vaucher, un éclat serait-il avantageux à la cause de l'Evangile, mais ce n'est pas à nous à le chercher... Nous devrions, au contraire, l'éviter, s'il est possible, faisant sacrifice de tout motif personnel, et n'attachant d'importance qu'à la défense de la vérité. »

M. Tronchin avait conseillé, un an auparavant, de mettre un pasteur à la ferme. Il éprouvait, toutefois, lui aussi, quelques scrupules. Il se demandait s'il n'y avait pas à Nancy un pasteur, et quelles étaient ses convictions. « S'il n'est que froid, mais dans la vérité, il faut y aller avec ménagement. Je me ferai moins de scrupules, s'il est néologue. »

Finalement ces conciliabules aboutirent à l'ouverture de réunions religieuses dans les bâtiments de la ferme. La Malgrange devint un foyer d'évangélisation en Lorraine.

Ce n'était pas la première fois. Dans la cour du château s'élevait jadis un vieux marronnier, un des premiers importés en France. A l'ombre de ce marronnier, d'après une ancienne tradition, Catherine de Bourbon avait fait « dire des prêches ». Etait-ce ce souvenir qui avait inspiré M. et madame Monnier ? Etait-ce plutôt le bonheur d'avoir trouvé la vérité, et le désir de la répandre ? Toujours est-il que la Malgrange revint à son ancienne destination. Les réunions que M. et madame Vaucher y organisèrent furent bienfaisantes pour beaucoup d'âmes. Le pasteur Poinsot, de Charleroi, un des vétérans de l'évangélisation en Belgique, se souvenait avec émotion d'y avoir assisté, et de s'être converti à la suite des appels qu'il y avait entendus.

Les colporteurs de la Société de Genève se ravitaillaient à la Malgrange. M. Vaucher l'approvisionnait d'ouvriers et de domestiques chrétiens. Il y venait quantité de gens, pasteurs ou laïques, qui travaillaient pour le règne de Dieu. L'hospitalité de M. Monnier devint proverbiale.

Il y eut bien, dans le tas, quelques brebis galeuses. Les colporteurs ne furent pas toujours à la hauteur de leur mission : ils manquèrent souvent de tact. Parmi les hôtes de la Malgrange, il se glissa quelques pique-assiette, dont la voracité s'abritait sous des dehors pieux. Les domestiques ne résistèrent pas toujours à la tentation d'arrondir leurs gages aux dépens de maîtres trop indulgents. Il y eut notamment certain régisseur dont M. Vaucher exaltait la piété, et qui, pour avancer les intérêts de l'Evangile en Lorraine, commença par débaucher les domestiques de son ancien maître M. Tronchin ; il devait finir, d'ailleurs, par laisser à tout le monde des souvenirs peu édifiants. Mais M. Monnier avait des trésors inépuisables de miséricorde, au grand scandale de sa mère, qui allait de stupéfaction en stupéfaction, et qui vainement essayait de réagir.

Les réunions de la Malgrange aboutirent à la création de la chapelle de Nancy. Il se créa là toute une Église, qui eut une période brillante, puis déclina. Finalement, la chapelle fut louée aux méthodistes. En 1865, ils l'achetèrent.

Que l'esprit dissident fût aux origines de la chapelle, c'est de quoi il est difficile de douter, et on peut se faire une idée de la façon dont on envisageait, du côté du Réveil, l'Eglise établie, par cette simple phrase du journal d'Amy Bost : « Retourné à X... pour voir le pasteur protestant, que je n'ai nullement trouvé si noir que je m'y attendais. Au contraire, comparé à d'autres, il me paraît un brave homme, encore jeune, mais bien intentionné, quoiqu'ignorant l'Evangile. Les colporteurs l'avaient un peu brusqué. » M. Tronchin n'était guère plus tendre pour les représentants du protestantisme officiel : « Où en est, demandait-il, l'œuvre de X ?... Je désire beaucoup obtenir de vous quelques détails. Il me paraît que le pasteur protestant est un pauvre rationaliste, contre lequel il faudra lutter. »

Madame Monnier, qui avait un tact infini, n'avait pas tardé à être blessée par cet esprit sectaire qui caractérise si souvent les groupements particularistes de chrétiens, par cette ostentation d'humilité où il entre tant d'orgueil. La dernière année de sa vie (1), elle écrivait à son fils Edouard : « Ce que tu dis des catholiques est bien vrai, mais je crois que je les préfère encore à l'esprit dissident, dont je suis dégoûtée plus que je ne puis dire. Je n'entends, depuis mon retour, que du mal de la chapelle, et du bien du temple. Jamais je n'ai autant senti le prix de ce que je trouvais à Paris, et la vérité de tous les enseignements et de toutes les vues de M. Meyer... Je trouve ici un vide auquel j'ai peine à m'accoutumer. Nous avons reçu une lettre de M. Vaucher, qui nous raconte comme une chose très belle que des pasteurs tels que MM. Merle, Gaussen, et Guers, se confondent avec les fidèles et reçoivent la communion des mains d'un colonel et d'un *pâtissier*. Libre à lui de trouver cela beau, mais pour moi, je le trouve choquant. »

Peut-être y avait-il encore en cette femme, si vibrante de charité chrétienne, quelques traces de préjugés aristocratiques. La chapelle, en tout cas, avait fait du bien. M. Vaucher attachait trop d'importance à faire distribuer la Cène par un laïque, fût-il pâtissier ou colonel ; mais c'était un homme de réveil, et un apôtre. Les mouvements religieux, comme toute chose humaine, ont leur revers.

S'il y eut, à ce moment, quelque divergence d'idées entre madame Monnier et ses amis Vaucher, leur

____

(1) Le 7 mai 1851.

amitié n'en souffrit aucune atteinte. Elle fut, jusqu'à la fin, le modèle d'une amitié chrétienne. En 1851, madame Vaucher écrivait à madame Monnier : « Notre affection pour vous est aussi tendre, aussi vive, aussi fraîche qu'aux premiers jours. C'est là le privilège de liens éternels : ils ne peuvent vieillir. »

L'amitié d'hommes tels qu'Adolphe Monod et Louis Meyer suffisait à garantir M. et madame Monnier des excès de la dissidence. Adolphe Monod, en particulier, entretint avec eux une correspondance très belle (qui a d'ailleurs été mise à contribution largement dans l'édition de ses *Lettres*). Il avait une prédilection pour ces convertis qui lui témoignaient une si fidèle affection, une confiance si absolue. « Je puis dire avec vérité, leur écrivait-il, que vous êtes du nombre des personnes auxquelles je pense avec le plus de plaisir, et que je porte sur mon cœur devant le trône de la grâce. Que le Dieu de paix vous sanctifie parfaitement, l'un par l'autre, l'un pour l'autre, et l'un et l'autre pour lui ! » Il souffrait de se sentir éloigné d'eux :

Mes chers amis, si la correspondance est parente de la conversation, c'est à un degré bien éloigné... Que de fois je suis avec vous en esprit, et je ne puis pas vous en donner de témoignage sensible. Mais ce même Esprit, qui nous assure intérieurement de l'amour de Dieu, ne nous assure-t-il pas aussi de l'amour qui nous unit en lui, et n'est-ce pas le caractère à la fois et le charme de l'amitié chrétienne, qu'étant spirituelle et allant du cœur au cœur, elle a un langage et des témoignages indépendants, comme nos rapports avec Dieu même, de l'espace et du temps. De Lyon à Nancy et de Nancy à Lyon, ne nous parlons-nous pas, ne nous comprenons-nous pas, ne prions-nous pas d'un même esprit le même Dieu, et si les cent petites lieues qui nous séparent nous empêchent de nous donner la main, nous empêchent-elles de nous donner le cœur ?

Il s'inquiétait parfois, craignant, avec une délicatesse touchante, qu'ils ne fussent trop sous sa dépendance spirituelle : « Vous le dirai-je ? j'ai craint que vous ne vous appuyassiez trop sur moi. Cette crainte était-elle en moi d'orgueil ou d'humilité ? Je ne sais, mais j'ai prié Dieu de vous préserver de vous reposer sur ses pauvres instruments, et de faire que votre foi soit ferme et inébranlable, étant appuyée non sur la sagesse des hommes mais sur la puissance de Dieu. »

La vie des nouveaux convertis était souvent difficile. Des cas de conscience se présentaient. Chaque fois que des parents catholiques venaient à la Malgrange, on se demandait s'il convenait d'interrompre le culte de famille. La question était résolue par la négative, ce dont Adolphe Monod louait fortement ses amis :

Je me réjouis que vous ayez continué le culte domestique ; vous ne pourriez en effet, sans infidélité, l'interrompre *pour qui que ce soit* : il faut que *Dieu règne dans votre maison* ; et, quand vous ne pourriez pas rendre d'autre témoignage devant votre famille et vos amis, il faut du moins rendre celui-là. J'espère que vous faites aussi la prière avant les repas Je suis heureux d'apprendre que vous êtes l'un et l'autre fermes dans la foi.

D'ailleurs, Adolphe Monod ne les poussait pas à l'isolement : il les poussait à l'action.

Généralement parlant, sans doute, une société chrétienne est plus salutaire, et il faut faire tout ce que vous pouvez pour vous la procurer, et à défaut y suppléer par la correspondance. Mais une société mondaine, si Dieu vous y oblige, a aussi son utilité spéciale. Le danger même qu'elle présente peut vous exciter à prier plus spécialement avant d'y entrer. Le défaut d'appui humain vous portera à rechercher des occasions d'annoncer l'évangile à ces personnes, qui ne sont pas plus mondaines ou plus *inconvertibles* aujourd'hui que nous l'étions hier. L'exercice de la fidélité, par cela même qu'il est le plus difficile, exige, appelle, exerce une disposition plus profonde et plus constante de foi et de prière. Le contraste de votre entourage fera ressortir la lumière qui doit paraître dans un enfant de Dieu ; ce qui manque à cette société vous fera mieux apprécier celle des enfants de Dieu, augmentera votre charité pour eux, vous disposera à mieux supporter leurs infirmités. Là aussi vous apprendrez à soupirer plus ardemment après la jouissance éternelle de la société des élus et des saints anges dans le ciel.

La vue de ces pauvres mondains vous rappellera
ce que vous êtes par nature, et que nous oublions facilement ! et vous mettra à même de mesurer la grâce
dont Dieu a usé envers vous : vous vous étonnerez
comment vous avez pu subir un si grand changement,
et vous reconnaîtrez que votre nouvelle naissance a
exigé le concours de toutes les perfections de Dieu
réunies.

Il fallait modérer l'ardeur des néophytes, prompts
à partir en guerre contre le catholicisme. M. Monnier ne demandait qu'à descendre dans l'arène ;
Adolphe Monod le retint avec une admirable sagesse :

Pour la question d'une discussion publique avec
un catholique romain, prêtre ou autre, cher monsieur
Monnier, je vous conseille la marche que j'ai suivie
ici : ne chercher la discussion, ni la fuir. Si vous n'êtes
point manifestement appelé, ne vous engagez point
dans la controverse. Si vous y êtes appelé, rappelez-
vous cette parole : « Va avec cette force que tu as. »
Toute la question dans ce point de vue est *si vous avez
un appel manifeste.* Je considérerais comme appel une
demande expresse qui vous serait adressée par un catholique romain, pour avoir une discussion avec vous,
soit qu'il vous écrivît ou vînt vous voir. C'est de cette
dernière manière que les conférences de Lyon ont commencé. Il était impossible d'avoir un appel plus positif,
ce me semble. Mais je ne considérerais pas comme un
appel des vanteries, des menaces en l'air, comme celles
qui vous ont été rapportées de ce curé. J'ai eu plus

d'une provocation de ce genre, longtemps avant les conférences, et n'y ai donné aucune attention.

Cette lenteur à entrer dans la controverse sert notre cause, loin de lui nuire, et devant Dieu et devant les hommes, à considérer les choses du point de vue de l'ensemble et de la suite.

Que si vous êtes appelé de Dieu, allez dans la foi. Mais faites deux conditions : la première, que la discussion ait lieu chez vous, ce que vous pouvez demander, étant provoqué ; la seconde, que l'on n'invoque d'autre autorité que la Bible.

Ne consentez absolument pas à une discussion sur la règle de la foi, ni d'après les Pères, etc. De plus habiles controversistes protestants ont été vaincus sur ce terrain glissant et mobile. Et cette condition faite, faites-la observer avec une rigueur inflexible.

Il y avait aussi, surtout dans les premiers temps, des doutes à vaincre. Ajoutons que ces doutes ne portaient guère sur les points essentiels de la foi, mais seulement sur la doctrine des peines éternelles. Or, c'était l'essentiel pour Adolphe Monod, et c'est pourquoi il pouvait écrire ces lignes qui aujourd'hui nous stupéfient : « Comme à vous, chère madame, la difficulté du cœur, celle qui tient à la condamnation éternelle de beaucoup d'hommes, je dirai plus, à la condamnation éternelle d'un seul homme, plus encore, d'une seule créature de Dieu, est pour moi la grande difficulté, devant laquelle toutes les autres s'anéantissent. J'ai résisté longtemps, opiniâtrément ; mais le Seigneur m'a vaincu.

Il vous vaincra aussi. Abandonnons-nous à lui sans
réserve. Il ne fera que ce qui est digne de ses perfections... C'est ici qu'il faut *croire* et croire, et
encore croire. »

Il y a, sans doute, autrement de foi, au sens véritable, dans ce simple billet, où se découvre le fond
même de l'âme d'Adolphe Monod :

Chers amis, hélas ! mon enfant est mort... Je ne
songe plus qu'à rejoindre sa pauvre mère. Adieu.
Priez pour nous. Oh ! quelle douleur ! Que le nom de
Dieu soit toutefois éternellement béni ! Il a tout bien
fait ! Amen.

Votre affectionné,

A. MONOD

Ceci faisait passer cela.

Rien n'est touchant comme de voir le grand prédicateur, par amour pour les âmes qui lui sont
confiées, descendre à traiter d'humbles détails de
ménage, s'occuper de trouver à ses amis des domestiques pieux : « La fille dont avait parlé M. Roussel
(était-ce Napoléon ?) ne peut vous convenir : il
résulte de nouveaux renseignements que ses sentiments religieux ne sont pas tout ce que vous désirez avec raison dans une servante. » Il s'informe
si madame Monnier a toujours soin de parler « des
choses de Dieu», le dimanche, à ses servantes. Enfin,
il n'est aucun détail qu'il laisse dans l'ombre, préoccupé incessamment, parmi tant d'autres soins,

de travailler à la sanctification de ses amis, dans les petites choses comme dans les grandes.

Adolphe Monod fut, pour M. et madame Monnier, le pasteur toujours consulté, toujours écouté. Daniel Le Grand fut l'ami fidèle entre tous. Ce n'était point un ami banal. Il avait l'imagination toujours en route.

Il méditait une législation ouvrière internationale, et il en a tracé le plan : il a mis vingt ans à l'élaborer ; et si je ne me trompe, il a été en cette matière un précurseur (1). C'est sur son initiative que les premières lois qui réglementaient le travail des femmes et des enfants dans les manufactures ont été votées. Pour lui, l' « Evangile du salut » était le seul baume qui pût guérir les maux de la patrie ; mais il appliquait l'Evangile au domaine social, avec autant de hardiesse que de force : « Le législateur, écrivait-il, est parjure à sa haute mission, chaque fois qu'il subordonne les droits et les intérêts de la société à ceux de l'individu, et qu'il lui accorde, dans les questions sociales, l'option du bien et du mal ; tandis que, surtout sous une ère de liberté qui offre les garanties de la responsabilité et de la publicité des actes des autorités, le bien public, les bonnes mœurs, le respect pour le culte, et l'instruction primaire, doivent être obligatoires, et faire partie intégrante de la législation. »

(1) Voir la *Notice sur Daniel Le Grand,* par Frédéric Monnier (Le Cateau, 1859).

Il mit une ardeur d'apôtre à faire prévaloir ses vues auprès des gouvernements. Il était lié avec la duchesse d'Orléans, qui lui avait promis sa visite au Ban de la Roche. Le duc avait dit à la duchesse : « Je vous laisserai oberliner à loisir. » L'accident du pont de Neuilly coupa court à ces beaux projets.

Il était en relations suivies avec l'ambassadeur de Prusse à Londres, M. de Bunsen, et il avait ses entrées à la cour de Berlin. Il allait rendre visite aux souverains d'Allemagne ; et ce petit homme vif, la tête surmontée d'une petite calotte, qui ne le quittait jamais, voyait toutes les portes s'ouvrir devant son entêtement apostolique.

Seule, la Cour impériale lui resta fermée. Il assiégea M. Monnier de lettres, le suppliant de faire parvenir son « appel respectueux aux Gouvernements des pays industriels » sous les yeux de l'Empereur. L'affaire était délicate : M. Monnier hésita à s'y embarquer : au fond, il ne croyait peut-être pas très fort à l'efficacité d'une législation internationale du travail.

Daniel Le Grand appliquait lui-même ses idées sociales. Il était le meilleur, le plus attentif des patrons. Sa fabrique était un établissement modèle ; entre ses mains, l'industrie devenait pour la contrée une source de bien-être matériel et de progrès moral.

Il ouvrait largement aux chrétiens de tous les pays sa « chaumière » de Fouday. Sous cet humble toit, descendirent des hôtes dont le nom appartient à l'histoire religieuse du siècle dernier : William Allen, madame de Krüdener.

Il se rendit compte, un jour, que la faiblesse de la piété contemporaine provenait du rôle insuffisant qu'y jouait la personne de Jésus-Christ. Aussitôt il fit imprimer des feuilles intitulées : « Qu'est le christianisme? Jésus-Christ! » qu'il fit répandre à profusion par toute l'Europe, et dont la lecture fut bienfaisante à des milliers d'âmes.

M. de Pressensé a rendu à Daniel Le Grand ce beau témoignage : « M. Le Grand a été notre père dans la foi, par le rôle qu'il a fait jouer à Jésus-Christ. »

De là venait aussi la charité qui le caractérisait, charité sans limites, qui se traduisait par des sacrifices matériels dont l'étendue peut étonner la plupart des chrétiens d'aujourd'hui.

Suivant la prescription d'Oberlin, il donnait *les trois dîmes*. Il disait un jour à M. Frédéric Monod : « Il faut faire deux parts dans nos revenus : celle des dons doit être bon poids et bonne mesure. »

Il contribua grandement, par ses souscriptions, à l'œuvre de colportage entreprise par Auguste Monnier dans la région des Vosges. Les deux amis collaboraient avec une parfaite unité de vues. Leur rendez-vous habituel était la demeure hospitalière de leur ami commun M. Merlin, à Bruyères. Ils s'écrivaient fréquemment, échangeant leurs idées sur l'avancement du règne de Dieu. Ils s'aimaient profondément. Leur amitié devait être scellée par le mariage d'Edouard Monnier avec Adèle Le Grand.

Auguste Monnier ne cessait pas de progresser spirituellement. Il s'efforçait de concilier ses devoirs de famille avec le respect des obligations très strictes qui, à ses yeux, découlaient de la conversion. La religion était devenue la grande affaire de sa vie. Dans une de ses lettres, datée de Paris, il raconte à sa femme comment il a passé son dimanche : il n'est question ici ni de courses, ni de théâtre. Le matin, il a entendu un sermon de M. Grandpierre sur ce texte : « Tu me persuades presque d'être chrétien. » Il l'analyse, et il ajoute : « Tu sens bien, chère bonne amie, que cela est un bien triste et incomplet résumé. Je pense que M. G.... a raison sous beaucoup de rapports, et en m'examinant, je crois le voir encore plus clairement. Je ne sais si je désire bien l'esprit de délivrance, et si je désire, bien sincèrement, être affranchi de la crainte du monde. J'ai besoin de m'examiner sérieusement sur ce point. Toute notre faiblesse vient de ce que nous nous arrêtons trop à ce monde qui passe, sans reporter plus habituellement nos regards sur une vie future qui n'a point de bornes. Si nous avions bien la conviction de cette autre vie, nous ne nous tourmenterions pas autant de ces quelques moments que nous passons ici, ni des opinions de ceux qui vivent avec nous, ou pour mieux dire, qui attendent avec nous le jugement.

« La salle Taitbout était pleine, et pouvait contenir, je pense, 200 auditeurs ; tu as pu en juger, du temps de Saint-Simon et de Barante. M. G. est un homme jeune, qui a un peu la tournure de M. D. Le Grand. Il dit très bien, avec clarté et avec chaleur. Je ne suis pas aussi satisfait de la manière dont il prie. »

A deux heures, il retourne à l'église et entend un jeune pasteur dont le sermon, peu remarquable, lui donne cependant l'occasion de faire de nouveaux retours sur lui-même.

« En route, ajoute-t-il, je me suis trouvé avec des jeunes gens, et je me suis tout à fait retrouvé jeune homme. Notre nature est pécheresse. Le mal a plus d'attraits que le bien, et si l'on ne veille, on s'étonne du chemin qu'on fait ici. Je m'étais promis de ne voir personne le dimanche, et j'ai fini par céder aux invitations de ma tante, de dîner avec elle. Ce sera évidemment un sujet de chute, et je ne sais comment me tirer de là. Puissé-je mieux veiller à l'avenir ! c'est du commencement que tout dépend. N'en avons-nous pas fait souvent l'expérience récemment ? nous avons commencé par négliger notre prière du matin, nous avons fini par la laisser là presque complètement, et par retomber dans l'ornière des querelles. Nous n'avons plus prié à notre dîner avec ta mère. Nous ne le pouvons plus avec personne. Ainsi de suite, une cachoterie finit par amener un gros mensonge. Veillons donc, chère amie, veillons et prions, accoutumons-nous à nous tenir en présence de Dieu, à vivre dans la vie future, et à y reporter autant que possible nos espérances. »

M. Auguste Monnier était un chrétien, et c'était un homme complet. Sa conversion, bien loin de le porter à négliger ses occupations antérieures, lui avait donné une ardeur nouvelle pour les poursuivre. Il apportait un grand soin à ses expériences agricoles. L'Evangile et l'agriculture étaient à ses yeux les grands moyens de relèvement moral, pour les peuples comme pour les individus. Le discours qu'il prononça à l'inauguration de la statue de Mathieu de Dombasle (1) montre en quelle haute estime il tenait les travaux des champs :

« Ce qui a attiré à M. de Dombasle, disait-il, l'honneur que nous lui rendons aujourd'hui, ce qui lui a valu la reconnaissance de l'agriculture, l'estime de l'Europe... c'est qu'il a su, mieux qu'aucun homme de son époque, sentir tout ce qu'a de grand, d'utile, d'honorable, la profession d'agriculteur... »

Ses préoccupations avaient toujours un caractère humanitaire. C'est ainsi qu'il publiait en 1845 un travail intitulé : *Des moyens d'augmenter la masse des substances alimentaires destinées à la consommation de l'homme.*

(1) Il était alors président de la Société d'agriculture de la Meurthe.

Tout en partageant le meilleur de son temps entre l'agriculture et les choses religieuses, il ne se désintéressait de rien. Il collaborait de son mieux à l'activité intellectuelle de sa ville natale. Nancy est encore aujourd'hui une des rares villes de France qui aient gardé leur cachet original, et l'habitude de penser par elles-mêmes. Vers le milieu du siècle dernier, la ville charmante de Stanislas était une vraie capitale, un centre presque unique de vie intellectuelle. La Lorraine n'avait pas encore été appauvrie par le « déracinement » des meilleurs de ses fils, et Nancy était le cerveau de la Lorraine. Les lettres et les sciences y étaient cultivées avec soin, et les travaux de *l'Académie de Stanislas* étaient justement renommés. M. Auguste Monnier fut nommé président de cette compagnie. Il s'occupait de littérature, de sciences naturelles (notamment de géologie) et de monnaies, dont il avait réuni une belle collection (1). Il possédait une culture très étendue et intensive à la fois : il devait en léguer le goût à ses fils.

IV

Tel était le milieu où fut élevé Edouard Monnier. Milieu contradictoire, où, parmi les frères itinérants

(1) Il a publié sur « *une trouvaille de monnaies près de Dieulouard* » une monographie qui atteste un sens critique consommé (Nancy, 1862).

du Réveil, deux grand'mères maintenaient encore la tradition catholique.

Madame Jean-Claude Monnier, née Marguerite Ney, n'avait rien de l'emballement aventureux et chevaleresque de son héroïque frère. C'était une personne exacte, avisée, qui savait la valeur d'un sou. Il n'y avait point à regretter, peut-être, qu'à côté de ces deux idéalistes, il se trouvât quelqu'un de pratique, et qui fût résolu à défendre les intérêts de la maison.

Les lettres de son petit-fils Henri de l'Espée la montrent sous un jour bien amusant. Tantôt il écrit : « Bonne maman est toute entreprise de ses foins, et je l'ai quittée en train de les faire rentrer ; mon oncle et maman ont fort à faire de la tenir hors d'inquiétude sur les orages qui pourraient survenir. » Tantôt il est question d'un massif destiné à cacher « les fameux séchoirs de linge dont bonne maman ne saurait se passer ». Ailleurs, il s'agit des vignes : « Le vin sera rare cet automne, ce qui fera bien vendre la vendange. Je compte, à la première occasion, verser dans l'oreille de bonne maman cette considération consolante. »

Toute autre était madame Molitor. Très simple de manières, très douce, très bonne, elle vivait paisiblement dans son château de Tomblaine, où la confinait l'impérieuse volonté de son époux. Le maréchal résidait à Paris. Une fois l'an, il rendait visite à sa femme. Le reste du temps, elle vivait dans la solitude. Elle adorait son mari ; elle ne put lui survivre plus de huit jours.

Edouard Monnier avait conservé un tendre et doux souvenir de cette grand'mère qu'il appelait « maman Tor », et qui le bourrait de friandises, en lui racontant l'histoire du petit chaperon rouge. Plus tard, elle lui raconta ses souvenirs de l'époque révolutionnaire. Son père recevait les principaux terroristes. Elle n'aimait pas Robespierre, qu'elle trouvait froid, ni Couthon, qui était « méchant » ; mais elle trouvait Saint-Just « très gentil ». Elle s'amusait à l'appeler « Monsieur », et il lui répondait sur le même ton de plaisanterie : « Prends garde, citoyenne : je vais te faire couper le cou. »

Ces récits avaient pour le petit Edouard un intérêt toujours nouveau. L'enfant adorait sa grand' mère, et ses visites mettaient un rayon de soleil dans la vie monotone de Tomblaine.

Malheureusement, cet enfant si heureux, et dont le cœur était excellent, semblait, en raison de sa turbulence, devoir être placé sous une direction plus énergique que celle de ses parents. Sa mère le gâtait. Les amis de la famille s'inquiétaient un peu de cette éducation trop douce. Madame Vaucher, félicitant ses amis à l'occasion de la naissance de leur second enfant, écrivait : « Edouard sera moins gâté, partant plus heureux. » Adolphe Monod lui-même s'inquiétait : « J'exhorte Edouard, écrivait-il dès 1834, à demander à Dieu un nouveau cœur. » Le petit Edouard avait alors quatre ans.

C'était peut-être un peu tôt pour se conformer à l'invitation d'Adolphe Monod ; mais pour être prématuré, le conseil n'en était, hélas! que plus nécessaire.

Passant d'un extrême à l'autre, on envoya l'enfant à la pension Keller.

On sait le rôle que joua dans l'histoire de la génération protestante qui a précédé la nôtre l'établissement fondé par Jean-Jacques Keller. M. Keller se réclamait d'Arnold, le grand pédagogue de Rugby. Son programme consistait à combiner l'instruction donnée par des maîtres très compétents avec l'influence religieuse. Les principales familles du protestantisme lui ont témoigné durant un demi-siècle une confiance qui n'a pas été trompée. On en jugera par les noms de quelques-uns de ses élèves, cités presque au hasard : Jean Monod, Edmond de Pressensé, les Waddington, Marc-Monnier, Gustave et Théodore Monod, Léon Hermite, Charles Seydoux, Louis Sautter, Alfred André. Lors d'un banquet offert à M. Keller à l'occasion du cinquantième anniversaire de sa maison, M. Théodore Monod, avec sa verve poétique accoutumée, a exposé les succès obtenus par le vénérable pédagogue :

De la Californie à l'Arabie heureuse,
On en trouve partout, de ces ducs de Chevreuse,
Papas et grands-papas, savants et sénateurs,
Ecrivains, financiers, surtout prédicateurs...

(Jadis, l'on sermonna si fort nos bons apôtres,
Que, pour se rattraper, ils sermonnent les autres).
S'agit-il d'éclairer les côtes de la mer ?
Vite, on demande un phare à l'élève Sautter.
Faut-il à nos Beaux-Arts un chef qui les dirige ?
Soit : l'élève Kæmpfen mènera le quadrige.
Le Calvados a-t-il besoin d'un bon préfet ?
L'élève Henri Monod conviendra tout à fait.
Si l'on veut couronner l'Empereur de Russie,
Pour que la fête soit correcte, réussie,
L'élève Waddington, avec un très grand air,
Représente à Moscou la pension Keller.
L'élève Pressensé, dans un calme impassible,
Voit se mouvoir le monde, et reste inamovible. »

Malgré de si brillants résultats, on ne s'étonnera point qu'Edouard Monnier, si brusquement
arraché aux caresses de sa mère et aux séductions du verger de la Malgrange, ait versé quelques
larmes en se voyant seul dans cette maison un peu
sombre de la grande ville, au milieu de camarades
inconnus. Il était si petit ! Il n'avait pas dix ans.
On se moqua de lui : il se fâcha, mais il ne fut pas
le plus fort. Ce fut une triste période. Il se sentait comme exilé ; aussi, l'année suivante, au moment de quitter de nouveau la maison paternelle,
après de joyeuses vacances, il essaya de se cacher,
et crut y avoir réussi. Qui dira ce qui se passa dans
ce cœur d'enfant, quand son père vint l'arracher à
son rêve et le ramener à la dure réalité ? C'est sans
doute dès cette époque que naquit en lui ce penchant
à la concentration qui fut une des forces de sa vie.

Les études n'avaient pas le don de lui plaire. Il
y avait bien les dimanches, mais ils étaient aus-
tères. On allait au culte, à la chapelle Taitbout, en
rangs ; et puis à la promenade, encore par les rues
de Paris, toujours en rangs. Il est vrai que, tous les
quinze jours, le maréchal Molitor faisait sortir son
petit-fils. Il l'envoyait quérir par son aide de camp,
le bon commandant Clément ; et il le faisait déjeuner en face de lui, dans ses appartements de la
Légion d'Honneur, à sa petite table de campagne,
où le repas était apporté tout servi, un repas toujours le même, invariablement terminé par une
crème blanche et rose. Oh ! cette crème ! c'était le
grand attrait de la semaine...

L'enfant était intimidé, d'ailleurs. Et il y avait de
quoi. Molitor était le plus froid et le plus autoritaire
des hommes. Il n'admettait aucune réplique. Et
puis, c'était un grand homme.

Dur à tout le monde, et particulièrement aux
siens, le maréchal ne transigeait jamais sur le point
d'honneur. Il avait porté dans toutes ses campagnes un désintéressement exceptionnel chez les
généraux de l'Empire. Du temps où il gouvernait
la Hollande, investi par conséquent de l'autorité
proconsulaire, il admira fort certain tableau dans
une galerie privée. On prit ses exclamations pour
une invite : le lendemain, le tableau était chez lui.
Il le renvoya avec un billet fort aimable, où il priait
qu'on lui rendît la facilité de l'admirer dans son
cadre, et à sa place. Avec cela, il se montrait d'une

sévérité telle, que, dans certaines villes de Hollande, notamment dans la petite ville de Woerden, on a institué une fête pour célébrer le départ de Molitor.

Il dédaignait les intrigues, et ne comptait que sur son mérite, qui était d'ailleurs éclatant.

Molitor était un volontaire de 1792. A vingt-huit ans il était général de brigade. Dans la campagne de 1799, il se couvrit de gloire. La poignée d'hommes qu'il commandait arrêta pendant huit jours, dans les défilés de Næfels, des forces dix fois supérieures : trois mille Français contre trente mille Autrichiens et Russes (1).

Cependant, il n'eut pas dès l'abord la situation qu'il méritait. Il avait servi dans l'armée de Moreau : cela suffisait pour qu'il fût suspect à Bonaparte. On le tint à l'écart. Il eut d'ailleurs toutes les malechances. Du temps qu'il opérait en Dalmatie, Raguse fut assiégée par les Monténégrins. Molitor, apprenant le danger de cette place, dont l'importance était capitale, se mit en route sans attendre d'ordres, parcourut quatre-vingts lieues à marches forcées et, n'ayant que seize cent soixante-dix hommes, attaqua douze mille Monténégrins et Russes qui assiégeaient la ville. Il les mit en pleine déroute, et entra dans Raguse, où il fut accueilli comme un sauveur. Il n'avait eu que cinq blessés.

---

(1) En empêchant la jonction de Souvorof avec l'armée autrichienne, Molitor acheva la victoire de Zurich.

Dans son rapport, Marmont, qui était le supérieur
hiérarchique de Molitor, s'attribua tout le mérite
de l'opération. Il fut fait, de ce chef, maréchal de
France et duc de Raguse. En 1814, si Molitor avait
été à la place de Marmont, Napoléon n'aurait pas
été trahi.

Louis XVIII sut rendre justice au mérite de
Molitor et lui confia la direction de l'expédition
d'Espagne, qui lui valut le bâton de maréchal et
la pairie. Louis-Philippe le fit grand-chancelier de
la Légion d'Honneur.

Au temps où le petit Edouard vint à la pension
Keller, — en l'automne de 1839 —, Molitor était une
des grandes figures militaires du pays. Par lui, toute
la légende napoléonienne revivait aux yeux de ce
petit-fils ébloui. Avec quel enthousiasme Édouard
Monnier parla, dans la suite, des guerres de l'Empire ! Il en avait l'âme toute pleine. Il philosophait
sur l'ambition insatiable de Napoléon ; et cependant, son cœur se serrait tellement à la pensée des
désastres subis, qu'il n'avait pas le courage de
parcourir les derniers volumes de *l'Histoire du
Consulat et de l'Empire*. Cent fois il refit à ses enfants le récit de la bataille de Waterloo : jamais il
n'osa le lire. Les généraux, leurs manœuvres, leurs
fautes, tout était pour lui aussi vivant qu'au premier jour. Il avait la fibre guerrière. Et ceci explique, on l'a dit fort justement à l'occasion de
ses funérailles, le caractère aventureux et quelque
peu héroïque de ses campagnes d'évangélisation.

La légende, en ces temps-là, se mêlait à la vie de tous les jours. A l'Opéra, on jouait *les Monténégrins*. C'était l'histoire de la délivrance de Raguse. Sur la scène, on voyait apparaître Molitor vainqueur, acclamé par la foule — et la pièce s'achevait en apothéose. Le commandant Clément avait convenu d'un jour où il devait conduire le petit Edouard au spectacle, pour qu'il vît la gloire de son grand-père. Mais il ne fallait pas qu'il eût de pensum. Au dernier moment, il en eut un. Il ne le dit pas au brave commandant, ni à M. Keller, et il assista au spectacle, mais avec un remords qui lui gâta son plaisir. C'est le seul mensonge qu'il ait fait de toute sa vie : il en souffrit trop pour avoir la tentation de recommencer jamais (1).

Il y avait un défaut à la cuirasse d'insensibilité de Molitor. Il aimait sa fille Louise. Il l'aimait à sa façon, sans lui épargner les observations sévères, mais il s'adoucissait quand même en pensant à elle, et ce terrible homme de guerre en devenait presque tendre. Pour l'amour d'elle, il surveillait à distance l'éducation du petit Edouard.

Dans une de ses lettres, où il la félicitait de l'heureuse issue d'une affaire de prairies, il ajoutait : « J'aurais grand plaisir à voir plus souvent

______

(1) Il a dit bien souvent l'émotion qu'il avait ressentie quand, le lendemain de son équipée, M. Keller paraissant au milieu de la classe, il l'avait entendu annoncer, au lieu du châtiment qu'il avait mérité, la levée générale des punitions.

ce cher Edouard, mais cela ne dépend pas de moi.
J'ai quelque espérance pour dimanche prochain.

« Votre logement sera préparé pour le mieux tout
près de moi. Nous dînerons tous les jours ensemble... Enfin, ma bonne fille chérie, je vais jouir, en
vous voyant, du plus grand bonheur que je puisse
désirer, et que vous ferez durer, je l'espère, le plus
longtemps possible. »

Une autre fois, il lui écrivait :

J'ai été bien aise, ma chère Louise, d'apprendre
votre heureuse arrivée à Tomblaine. Je vous suppose
maintenant réinstallée dans votre belle Malgrange,
occupée de l'instruction de vos enfants. Leur éducation
dût-elle se borner jusqu'à l'âge de six ans à leur apprendre à obéir, le temps serait bien employé.

J'ai fait sortir Edouard, il y a environ quinze jours :
il m'avait paru bien, sous tous les rapports. Je l'ai fait
demander de nouveau avant-hier dimanche, pour le
réunir à son cousin Olivier..., mais l'élève Monnier
n'avait pas obtenu son exeat, à cause de son aversion
pour l'obéissance et pour l'étude de la langue allemande. C'est le commandant Clément qui a eu la
complaisance de se rendre ces deux fois à la pension.
Il n'a pu voir M. Keller, qui n'est pas encore visible à
8 h. 1/2 du matin : il n'a pu parler qu'à son suppléant,
qui lui a donc dit, cette fois, que tout allait bien, sauf
l'allemand et l'obéissance. Nous avons tous été peinés
de ne pas avoir vu Edouard : le bon commandant lui
a fait la leçon la plus amicale et la plus pathétique,
qu'il a reçue d'un air tout piteux. Il n'y a cependant

pas à s'alarmer. Je suis persuadé que cela ira mieux. Sa santé est parfaite. Portez-vous bien, ma bonne Louise, pensez quelquefois à moi qui vous aime tant.

Dès le mois de janvier de la même année, M. Keller s'était occupé de rassurer les inquiétudes maternelles. Sa lettre est remarquable par le sens psychologique et l'affection éclairée qui s'y traduisent :

Les personnes qui ont vu Edouard ont dû vous dire qu'il jouit d'une excellente santé, qu'il a bonne mine. Je vous dirai de plus qu'il est *très rarement* en faute pour sa conduite et pour son travail, donc *très rarement* en punition.

Il se trouve arriéré pour certaines parties de l'enseignement allemand ; et, d'après la tournure de son esprit, que vous connaissez, il soutient qu'il ne pourra jamais arriver à faire comme les autres, etc., donc cette classe l'ennuie. En latin, il se trouve être le premier de sa classe ; il trouve les leçons et les devoirs faciles, et on ne va pas assez vite à son gré (je ne suis pas fâché de son ardeur), et voilà un autre grief. Mais tout cela, c'est de l'enfantillage dont il ne faut pas prendre ombrage.

De cette même époque, il s'est conservé une lettre où le petit Edouard raconte ses vacances de nouvel an à la pension Keller (il y était resté seul avec cinq de ses camarades). Cette lettre est tout à fait « nature ». On nous permettra d'en respecter le style :

Je me suis joliment amusé. Jeudi nous avons été
aux Champs-Elysées, et nous sommes montés en haut
de l'Arc-de-Triomphe. Nous avons vu bien loin, et
même des plaines qui sont de l'autre côté de Paris. Il
y en avait deux qui ont eu peur de monter ; mais ils
en ont été bien punis ; car aussitôt que nous sommes
arrivés à la maison, chacun leur a donné quarante
coups de mouchoir qu'ils avaient rempli de pierres, et
quand on joue un jeu quelconque, quand ils veulent
jouer on leur crie : A bas les poltrons !

Le petit Edouard peut bien avoir été l'inspira-
teur de ces inventions cruelles. Lui, si indulgent, il
a toujours été impitoyable pour tout ce qui ressemblait à une lâcheté.

Dans la suite de la lettre, il est question de la
foire de Neuilly, et ce sont des récits où il ne
s'agit que d'oranges, de cornets de bonbons et de
plum-pudding. Décidément, on n'était pas trop
malheureux à la pension Keller.

<h2 style="text-align:center">V</h2>

La vie de l'élève Monnier était, malgré tout, un
peu austère. Elle s'éclaira, le jour où son oncle,
M. de l'Espée, vint s'installer à Paris, où il avait
été envoyé par les électeurs de Lorraine.

Les de l'Espée étaient une vieille famille lorraine, qui avait des traditions d'honneur et de foi.
M. de l'Espée avait épousé une sœur de M. Mon-

nier ; et il y avait entre les deux familles, malgré la différence de religion, l'affection la plus cordiale. De part et d'autre, c'étaient de nobles âmes : elles se rencontraient sur les cimes. M. de l'Espée occupait une grande situation morale. Député de Lunéville, il était adoré de ses électeurs. Au Parlement, il était l'un des plus fermes soutiens de la monarchie de juillet. Très attaché aux idées de conservation sociale, il était en même temps le meilleur et le plus charitable des hommes. Quelques extraits de ses lettres suffiront à faire connaître ce parfait gentilhomme, ce chrétien sincère et profond.

En 1858, il écrit à sa nièce, après la mort de madame de l'Espée :

Il ne fallait pas longtemps pour discerner les qualités si élevées, si parfaites, qui la rendaient si précieuse à sa famille, dont elle a fait le bonheur en trouvant que jamais elle ne faisait assez. Son abnégation égalait son courage, elle a tout donné à ses enfants, à son mari ; sa santé si frêle n'a jamais été un obstacle à l'accomplissement de ses devoirs les plus pénibles...

Je l'avais vue avec bonheur contente de se retrouver ici (à Sandronviller) ; elle aimait cette campagne où nous aurons passé nos plus belles années. J'y préparais tout pour qu'elle y fût mieux et ne se ressentît que le moins possible de ces changements quelquefois si brusques dans la température de notre pays. Je comptais enfin sur un doux avenir, et je reste seul avec le mortel chagrin de l'avoir perdue...

Ce n'est pas en ce monde que l'on peut espérer de consolation. Chaque circonstance me rappellera celle qui rendait le bonheur plus complet et avec laquelle l'adversité était si facilement supportée...

Recevez mes vœux tendres et sincères pour que Dieu vous épargne les épreuves devant lesquelles tout fléchit. Gardez vos enfants, votre mari : soyez heureux de leur tendresse, et comptez sur toute mon affection.

En 1864, au moment où son beau-frère est gravement malade, il écrit à son neveu Edouard : « Si Dieu me l'enlève, il me privera d'un vivant souvenir de ma chère et sainte femme, et me fera connaître une fois de plus une des plus grandes douleurs de cette vie. Qu'il nous soit en aide, et à ces êtres si chers ! Qu'il les reçoive en son sein, et que sa grâce nous rende dignes de les rejoindre quand notre épreuve sera terminée !

Donne-moi, demande à Alice de me donner des nouvelles de notre pauvre cher malade. Je demandais encore ce matin sa guérison à deux genoux, je continuerai assurément, et ne cesserai, quoi qu'il arrive, de prier pour lui tant que j'existerai. »

Et quand il apprend la mort imminente : « Impuissantes prières, je n'ai pas mérité qu'elles fussent exaucées. Hélas ! la ferveur n'y a pas manqué, mais la tâche était trop belle, je n'étais pas digne de l'accomplir. » A de telles hauteurs, il n'y a plus ni catholiques, ni protestants : il n'y a que des chrétiens, entre qui la communion d'âme est entière.

M. de l'Espée avait élevé ses enfants dans les mêmes principes. Tout naturellement il y eut, entre eux et leur cousin Edouard, de ces affinités qui créent les amitiés inébranlables. Ils devinrent inséparables : la pension Keller en fut illuminée. Les sorties étaient désormais des évènements. L'imagination d'Edouard Monnier garda toujours le souvenir de la solennité du bœuf gras, où les trois enfants, conduits au ministère de l'intérieur et mis en présence de monceaux de friandises, oublièrent pour la circonstance leurs modèles habituels, les Spartiates. Ils ne tardèrent pas à s'en repentir.

Mais la saison joyeuse, c'était la saison des vacances. Oh ! ces vacances de la Malgrange, ces parties sans fin dans le petit bois et dans le verger, ces courses dans les forêts des environs, à la recherche de papillons rares, qu'on traquait avec des ruses d'Apache ! De bonne heure, M. Monnier avait inculqué à son fils le goût des collections, pensant ainsi, et à juste raison, éveiller en lui plus sûrement l'amour de la nature. Henri et Gaston de l'Espée partageaient les mêmes inclinations. Ils chassaient les papillons avec un zèle infatigable.

Puis, les trois compagnons cherchèrent à s'isoler du monde. Ils avaient une langue à eux, de formation assez simple d'ailleurs (1). Ils éprouvaient une satisfaction inexprimable à n'être pas compris. Ils

(1) On intervertissait les consonnes, et on ajoutait presque uniformément la terminaison *ou*.

s'étaient construits au fond du jardin une cabane avec des branches, des feuilles et de la terre, et ils en avaient fait leur quartier-général. Ils avaient creusé un souterrain qui communiquait avec la cabane et qui leur servait de passage secret.

Parmi ces jeux d'enfants, des traits de caractère apparaissaient. Ils s'efforçaient d'imiter les Spartiates : pour cela, ils s'infligeaient toute sorte de privations, et ils allaient jusqu'à se fustiger réciproquement à tour de bras. Ils voulurent fabriquer le fameux « brouet noir », mais, malgré toute leur bonne volonté, ils ne purent parvenir à l'avaler.

Leur amitié devait survivre aux hasards de la vie. Elle atteignit son apogée, semble-t-il, vers la dix-huitième année. C'est de cette époque que datent la plupart des lettres échangées entre les trois cousins. Henri de l'Espée était particulièrement lié avec Edouard, tandis que Gaston, plus jeune, se rapprochait davantage du frère cadet d'Edouard, Frédéric.

Je voudrais essayer, à l'aide de sa correspondance, de retracer ici cette figure si noble, si fière et si charmante d'Henri de l'Espée. Il n'appartient qu'aux siens de raconter sa vie ; il a joué un tel rôle dans la vie d'Edouard Monnier, qu'il doit bien être permis, en attendant mieux, d'évoquer ici son souvenir.

Il était un représentant des traditions de l'ancienne France, dans ce qu'elles avaient de meilleur.

Il était à la fois aristocrate et libéral. Il avait la fierté d'un preux. Jamais il n'abaissa son caractère. Sa vie, pure de compromissions, fut toute consacrée à son pays. Quand on relit ses lettres, une autre figure s'évoque tout naturellement à l'esprit : celle du héros de cet admirable *Roman d'un royaliste*, Henry de Virieu. Il faudrait, pour parler dignement d'Henri de l'Espée, la plume d'un Costa de Beauregard.

Les lettres qu'il écrivait à son cousin feront juger de la distinction de son esprit. Elles sont d'une verve un peu sarcastique : c'est qu'elles sont contemporaines, les unes de la Révolution de 1848, les autres de l'Empire ; or, Henri de l'Espée était de l'opposition : la Révolution choquait ses préjugés aristocratiques ; l'Empire, qui lui faisait l'effet d'un régime de parvenus, ne le choquait pas moins ; il était dégoûté de voir tout ce monde qui se ruait à la curée, et il se tenait à l'écart.

Édouard Monnier, lui, s'était jeté avec emportement dans le mouvement révolutionnaire. Lycéen, il avait applaudi avec enthousiasme le triomphe de la Révolution ; il avait cru à la République : il était un « rouge ». Plus tard, il se trouva dans les mêmes rangs que son cousin, étant comme lui, mais pour de tout autres raisons, un opposant irréductible à l'Empire.

Par ce contraste, s'explique le ton de la correspondance.

Le 10 juillet 1849, Henri de l'Espée écrit à son

cousin, sur un ton mi-plaisant, mi-emballé : « Nous souscrivons à force pour une épée au général Changarnier, on fera imprimer les noms des souscripteurs, et on en fera un énorme volume qu'on jettera au nez des rouges. J'étais de garde hier, avec des soldats ; nous leur avons donné à dîner avec du vin à 15, et bu à l'union de l'armée avec la garde nationale...

« ... A propos, le cousin de K... est-il parmi les députés coffrés, ou a-t-il joué des jambes assez lestement pour échapper ? On a fait des caricatures délicieuses là-dessus. On voyait Ledru Coquin s'enfuyant avec une fenêtre autour de sa taille, et Considérant coupant sa queue ; on voyait un chiffonnier ramassant dans la rue Saint-Martin un tas de poils, et se demandant d'où cela pouvait venir...

« Voilà, ô *Cocombre*, comment la réaction lève la tête. Là-dessus, je t'embrasse, et je te recommande de devenir réactionnaire, sans quoi je t'assommerai.

« Gaston t'embrasse et te fait les mêmes recommandations, sans quoi il te percera de son grand sabre. »

C'est bien l'état d'esprit d'un bon « aristocrate », au temps des journées de juin. Nous voici maintenant sous la présidence de Louis-Napoléon (19 février 1852) : le ton change : c'est l'irritation d'un bon Français, déçu dans son espoir :

Depuis ton départ, j'ai accoutumé de vivre très tranquille, mais paisible je ne l'ai point été. Car j'ai beau me raisonner, et tâcher de prendre sur moi, je suis tous les jours un peu plus exaspéré de ce que je vois. Hier je suis sorti, le soir, pour la première fois, allant faire une visite chez M. Troplong ; je vis là un demi-setier de Corses, tous plus ou moins radieux, tous plus ou moins potentats, tous plus ou moins bardés de rubans rouges ; il y avait entre autres le préfet de police, qui est gras à lard, dodu et content ; c'était plaisir de voir un tas de freluquets à laid visage s'empresser autour de lui, parler dans son nez et parfois même à son oreille, et surtout rire bien haut, d'un air admirateur, dès que le personnage avait ouvert la bouche. Mais voici que, sur ces entrefaites, la nouvelle se répandit, parmi les *malveillants* (le mot est officiel), que M. Bocher, administrateur des biens de la maison d'Orléans, était arrêté ; c'est un ancien préfet, puis député à la dernière assemblée, où il a toujours vécu très paisible ; mais il est véhémentement soupçonné de correspondre avec les princes, et de montrer leurs lettres, ainsi donc, sur Maupas, ou plutôt, dit-on, sur Magnan : c'est cet estimable général qui a fait le coup. A cette nouvelle, je fus rudement tenté de donner de mon pied dans un des grands hommes du jour ; il faut convenir que, les ayant sous le pied, l'occasion pouvait allécher. Je suis rentré à la maison avec cette envie rentrée, et je n'en ai pas dormi de la moitié de la nuit. Je m'attends, un de ces jours, si ma lettre est ouverte, à recevoir quelque solide lettre de cachet ; en attendant, les bons mots et les mazarinades continuent de courir, et moi de m'en nourrir ; hier on dit à l'école d'état-major, à l'ordre du matin, que le Président avait remarqué avec déplaisir le peu de zèle à danser que

montraient les officiers à ses bals ; qu'ils eussent à
mieux faire à l'avenir. Les gorges chaudes, comme tu
penses, n'ont pas manqué. Tu auras sans doute appris
qu'on fait de grands officiers de la Couronne, pour
préparer les voies : il y a grand veneur, grand écuyer,
etc. Les malveillants assurent qu'une charge nouvelle,
inconnue jusqu'à ce jour, vient d'être créée, et que le
Bonaparte se l'est réservée, comme au plus digne :
celle de grand carotteur. On explique aussi qu'il se fait
appeler Monseigneur, parce que c'est le nom d'une
fausse clef qui sert à forcer les coffres-forts ; ce qui
n'empêche pas son gouvernement de bien *prendre*.

Tout cela signifie qu'on cherche à rire, pour tâcher
de ne pas pleurer ; enfin, cela fait toujours un peu de
bien de s'épancher en famille, de s'aimer et avoir
confiance entre soi ; dans le temps où nous vivons, on
voit si peu de gens sur qui compter, et tant d'autres
montrer leurs vilains coins.

Même note dans cette autre lettre, à peu près
contemporaine :

Ton père nous dit que le préfet de Nancy est furieux
qu'on ait osé montrer dans son pachalik des lettres des
princes d'Orléans ; il doit l'être d'autant plus, qu'on le
plante là... Ce n'est pas que les gens de Nancy fassent
beaucoup de bruit. Nous avons pris un grand parti :
nous ne disons plus rien, nous contait l'autre jour un
d'entre eux. C'est le plus grand effort qu'ils puissent
faire...

Ici, on parle fortement fusion, c'est-à-dire que les
uns apportent leur homme, et les autres leur pro-

gramme ; pour tout dire, le duc de Bordeaux prendrait
le drapeau tricolore... mais jusqu'à présent ce ne sont,
par malheur, que des on-dit : toutefois les on-dit suffisent pour faire faire aux Ratapoils des lamentations
fort amusantes, et des jérémiades sur les vieux partis :
Où allons-nous ? où allons-nous ? A la monarchie
constitutionnelle ! Il semble que tout sera perdu, le
jour où on relèvera le trône sans accompagnement de
commissions extraordinaires, de décrets autocratiques
et tutti quanti. Il y a du bon à ceci : nous aurons vu,
dès notre entrée dans le monde, l'abus de la liberté et
l'abus du pouvoir ; peut-être cela nous fera-t-il trouver
le juste milieu.

Souvent il revient sur la société bonapartiste :
toujours il la juge avec des mots terribles, et qui
portent :

Quelle figure feront ces gens-là après leur chute !
A en juger par la considération qui entoure les vieux
voltigeurs de l'Empire, je ne crois pas que les restes
du Bas-Empire soient pour faire grande figure ! L'obscurité de Cavaignac et des siens montre assez le destin
des aventuriers, qui sortent du néant, et y rentrent dès
qu'on leur reprend le pouvoir...

Dans ces lettres, et dans d'autres que nous ne
pouvons citer, de crainte de froisser certaines sus-
ceptibilités, il y a de l'humour, du dédain, de
l'enthousiasme contrarié ; ce n'est pas, tant s'en
faut, Henri de l'Espée tout entier. Il avait de plus

une extrême correction, et il attachait de l'importance aux choses apparentes, parce qu'il voyait dans les soins apportés à la personne extérieure une manifestation du respect de soi-même. Par exemple, il écrira ceci : « Frédéric est en pleins cours : mais je n'ai pas encore gagné sur lui de couper ses odieux cheveux, et de remplacer sa crinière mérovingienne par d'honnêtes cheveux courts. Je compte le prendre au piège cet hiver, et ne le point lâcher qu'il n'ait été tondu. »

Mais, avec ces exigences de forme, c'est le cœur le plus chaud et le plus généreux. Il a une foi inébranlable. Il aime ardemment sa Lorraine : « J'ai hâte de voir un peu le printemps de Lorraine, et cette vieille maison qui si souvent nous réunit. » Il attribue une grande importance à la possession de ces attaches qui fixent pour toujours une famille au sol d'où elle est issue. A propos d'un de ses parents, qui s'est expatrié, il s'écrie : « Pour moi, je ne lâcherai jamais un pouce en Lorraine. » Il parle de « ces vents coulis qui entrent à la Malgrange par toutes les portes et fenêtres, » et, sans transition, il ajoute : « C'est un sentiment bien naturel que celui qui t'attache à cette vieille maison. Cultive-le : il contient en germe tous les bonheurs de famille. C'est un centre de réunion, et qu'il ne faut pas laisser vide quand la mort est venue frapper ceux qui l'habitent. »

Il s'occupe avec amour de ses propriétés. « Je deviens très jardinier, écrit-il. J'ai toute espèce de projets plus ou moins ambitieux pour le jardin. Gaston ne comprend pas du tout ces inclinations : tout au plus s'intéresse-t-il aux plantations, parce qu'on y peut embusquer des tirailleurs et faire des baraques de campement avec les arbres. Cependant, il aime aussi les vergers, parce qu'ils produisent des fruits à l'eau de vie et des pruneaux. »

Son cœur, déçu par la bassesse humaine, ne rêvait que d'une vie simple et naturelle : « Je tâcherai d'aller au printemps faire quelques plantations, tu sais que nous aurons plus tard à en faire beaucoup à Froville : c'est un grand clos qui est à peu près aussi avancé sous ce rapport que Sandronviller il y a trente ans, et il y aura fort à faire ; mais c'est une occupation, et des meilleures qu'on puisse avoir, car on ne s'en lasse pas, et on n'a pas, comme dans les affaires, d'ennemis à rencontrer et de regrets à avoir. »

En 1869, cependant, il crut devoir se jeter dans la lutte électorale. Il y montra son intelligence des véritables intérêts du peuple, et une abnégation admirable : « Tu me demandes comment s'est terminée ma pénible campagne électorale. Je suis arrivé second de l'opposition, le premier étant Viox, républicain honnête et modéré. J'ai déclaré que la loi universelle du parti libéral voulait qu'à moins de scission avec la gauche, on lui laissât le champ libre ; les autres ont dit non. J'ai persisté et me suis désisté au milieu d'un concert d'injures à droite et d'opposition à gauche. Je n'ai pas à te cacher que cela m'a été des plus pénibles. Je n'en crois pas moins avoir fait, non seulement mon devoir, mais la chose nécessaire pour ne pas diviser les libéraux en face du césarisme et du socialisme. »

La guerre survint. Après Reichshoffen, Henri de l'Espée laissa à Froville sa jeune femme et ses enfants, et se rendit à Paris. Là, il se mit à la disposition du général de Chabaud-Latour. Ses capacités d'ingénieur le désignèrent pour la construction de la redoute de la Capsulerie. En moins d'un mois, la redoute était construite. Après l'abandon des postes extérieurs, il fut attaché à l'état-major du général Javain, qui a rendu le plus beau témoignage à son dévouement. Sur la note où il énumérait ses états de services, le général se faisait un devoir « de constater d'une manière très spéciale l'activité, l'intelligence et la fermeté » dont il avait donné « des preuves constantes, » et « de témoigner à ce patriotique serviteur du pays toute sa vive reconnaissance pour le concours dévoué et infatigable » qu'il lui avait prêté.

Nous n'avons jamais vu, écrivait un de ses compagnons d'armes, plus grand ni meilleur soldat. Il s'exerçait à toutes les fatigues, à toutes les privations. Il couchait à plaisir sur le sol, et savait au besoin se passer de sommeil... Il s'était rendu maître de son corps, et sa conscience soumettait ce corps à de rudes épreuves. Nous le voyons encore s'apprêter en chantant, et partir pour ses expéditions. Il portait alors une grande capote de soldat du génie, avec un revolver, une gourde, une sacoche contenant deux biscuits, ses instruments, sa jumelle et le petit livre de prières qui ne le quittait jamais. Cet équipement lui seyait à merveille, et grande était sa joie quand on le félicitait de sa tournure militaire.

Il était d'une bravoure exceptionnelle, et nous n'avions qu'un reproche à lui faire : il s'exposait trop au feu.

Cependant les obus prussiens l'épargnèrent. Il était réservé pour une mort plus douloureuse.

Après la guerre, tandis que tout le monde, à l'envi, se ruait sur les récompenses offertes, il refusa la croix.

En son absence, les élections avaient eu lieu en Lorraine. On l'avait présenté. « Tout naturellement, écrivait son père, on a pensé à lui pour l'élection qui vient de se faire, mais qu'est-ce qu'un homme qui à quarante-deux ans quitte sa femme et ses enfants pour payer de sa personne avec bravoure et constance, au prix et dans l'opinion de nos tranche-montagnes? ils sont capables de dire toute autre chose qu'il ne fait : donc il a échoué, et j'avoue que je n'en suis pas fâché. »

Mais Henri de l'Espée avait attiré sur lui, par ses éclatants services, l'attention du gouvernement. M. Thiers avait besoin d'un homme de toute énergie, pour rétablir l'ordre dans le département de la Loire, gagné par la fermentation insurrectionnelle. Il songea à Henri de l'Espée, qui accepta.

Alors se déroula une histoire qui rappelle les scènes tragiques de la Révolution.

Une violente agitation régnait à Saint-Etienne. La majorité du Conseil municipal avait démissionné. Plusieurs bataillons de la garde nationale avaient demandé la proclamation de la Commune. Un guet-apens avait été organisé pour surprendre le préfet dès son arrivée à Saint-Etienne. Il échoua ; la situation n'en était pas moins grave. Henri de l'Espée, malgré les avis qu'on lui donnait, s'établit à la Préfecture. La municipalité répondait de tout ; même, elle demanda au préfet le renvoi de l'infanterie de ligne, qui fut accordé. Deux compagnies de la garde nationale couvraient l'Hôtel de Ville et la Préfecture ; mais elles manquaient de cartouches. On avait négligé de fermer les issues latérales. C'était jour de paye, et les mineurs de Firminy et de la Ricamarie étaient venus en nombre à Saint-Etienne.

Vers le soir, une bande d'énergumènes fit irruption dans la Préfecture. C'étaient des gardes nationaux, de ceux qui avaient fait cause commune avec l'émeute. Ils se disaient les « délégués du peuple » et réclamaient le préfet. Henri de l'Espée sortit. Il se vit aussitôt abandonné de ses amis : les insurgés se saisirent de lui, l'entraînèrent dans la salle des fêtes. Là, ils le sommèrent de démissionner et de proclamer la Commune. Il leur répondit doucement : « Pourquoi voulez-vous ma démission ? Vous ne m'avez pas vu agir. Vous me demandez de proclamer la Commune ! Vous savez bien que je ne le puis pas ; je représente ici le gouvernement de Versailles. »

On l'accusa d'avoir été secrétaire de Morny, d'avoir commandé le massacre d'Aubin. On lui reprocha de vouloir fusiller le peuple. Il protesta avec indignation.

Durant près de six heures, il tint tête à cette foule armée, et dont l'exaltation grandissait sous l'influence des libations continuelles. Il aurait pu se tirer des mains de ces forcenés en leur accordant ce qu'ils demandaient, et en leur faisant des promesses qui, dans la situation où il se trouvait, ne l'engageaient à rien. La proclamation de la Commune eût été de nul effet, ayant été extorquée par la force, et le gouvernement de Versailles n'aurait eu garde de blâmer la légitime prudence de son représentant. Mais Henri de l'Espée ne savait pas mentir, et il préférait sacrifier sa vie que de trahir, fût-ce en apparence seulement, la confiance du gouvernement de son pays. Il fut inébranlable ; et, seul, il résista aux sollicitations et aux menaces avec une fermeté douce, une patience sereine. Il avait conscience de représenter la loi, qu'on peut outrager, mais qu'on ne peut faire fléchir.

Les insurgés lui avaient donné pour compagnon de captivité un jeune substitut. Il lui fit ses dernières recommandations, sachant bien que sa résistance allait lui coûter la vie, et il ajouta :

« Si vous avez le bonheur de sortir d'ici et de voir madame de l'Espée, dites-lui que mes dernières pensées sont pour elle. Qu'elle songe à ses enfants ! Qu'elle leur apprenne à aimer un père qui aura été digne du nom qu'il leur laisse. »

A dix heures du soir, on lui adressa une sommation suprême. Il refusa de céder. Alors, reculant à vingt pas, les insurgés exécutèrent à deux reprises un feu roulant.

Henri de l'Espée tomba sur les genoux, frappé au front, dès la première décharge ; à la seconde, il roula sur le sol. Il était mort. Saisis d'effroi, et dégrisés par la vue du sang, la plupart des assassins s'enfuirent. On fit conduire le corps à l'hospice. Les « délégués du peuple » avaient préalablement fait disparaître la montre et la chaîne de leur victime.

Le jour suivant, la Commune régna à Saint-Etienne. Mais le lendemain elle se dissolvait d'elle-même.

L'Assemblée nationale, sur la proposition de M. de Sugny, déclara à l'unanimité qu'Henri de l'Espée avait bien mérité de la patrie.

Le Conseil municipal de Saint-Etienne avait décidé que les obsèques du Préfet auraient lieu aux frais de la Ville.

Une foule immense se joignit au cortège. Sur la tombe, M. de Montgolfier, parlant au nom de l'Assemblée, prononça ces paroles :

« L'homme que nous venons d'accompagner à sa
dernière demeure avait consacré toute sa vie au bien
de son pays : ingénieur, il s'était constamment occupé
du sort de l'ouvrier ; soldat, il a vaillamment combattu
pour la défense de Paris ; préfet, il a donné sa vie pour
le respect du droit.

Sa mort a été aussi héroïque que sa vie avait été
dévouée : qu'elle nous serve d'exemple à tous ! »

La mort d'Henri de l'Espée fut une des grandes
tristesses de la vie d'Edouard Monnier. Il perdait
en lui le plus cher de ses amis d'enfance. Il donna
à l'un de ses fils le prénom de l'ami perdu, et il
reporta sur Gaston de l'Espée une part de l'affection
qu'il éprouvait pour son frère.

Gaston de l'Espée avait un tout autre tempérament. C'était un militaire, un esprit simpliste, d'ailleurs très brave et très dévoué à son métier, bien
qu'il affectât parfois de tout autres inclinations.
Ainsi, il se déclarait dans ses lettres « le plus pacifique des humains, » bien qu'il s'en allât servir au
3ᵉ zouaves, et il allait jusqu'à ajouter : « Je n'ai
jamais pu m'empêcher de hausser les épaules en
entendant dire à mes camarades qu'ils exposeraient
mille fois leur vie pour être généraux au bout de
dix ou quinze ans. » Ce qui ne l'empêcha pas de
faire plus que son devoir en 1870. Il faisait partie
de l'armée de Metz, où il avait le rang de capitaine.
Pour ne pas « signer le revers, » il s'évada, de la
façon la plus aventureuse ; puis il reprit du service.

Tout en n'ayant pas d'illusions sur le succès possible, il écrivait à son père : « Cependant, je ne regrette pas d'être revenu ; je reviendrais encore. C'est le devoir de mener la lutte tant qu'elle durera, et de pouvoir se dire qu'on a combattu jusqu'à la dernière heure. »

Gaston de l'Espée était un officier de grand avenir. Les mesures de rigueur qui accompagnèrent, en 1881, l'exécution des décrets, brisèrent sa carrière. Il avait protégé contre les quolibets de la foule les Jésuites qui s'embarquaient au Havre. Dénoncé par les feuilles radicales, il fut mis en non-activité. Il se retira dans ses terres de Sandronviller. « Décidément, écrivait-il, la Providence m'a désigné pour représenter en Lorraine notre tribu jadis nombreuse, qui se greffe de plus en plus dans d'autres coins de la France. Nos parents pensaient avoir planté de forts rejets autour de Nancy, et après moi, qui sait s'il restera dans le pays quelqu'un de nos noms. »

Il vieillit tristement au milieu de ses souvenirs, et mourut en 1886. Sa veuve, qui était la fille du général Ducrot, prit le voile, à sa mort, et se retira au couvent des Visitandines de Nancy. La loi récente sur les congrégations l'en a chassée. Cette noble famille devait être jusqu'au bout victime de l'esprit révolutionnaire.

CHAPITRE II

LA VOCATION

I

En 1845, Edouard Monnier était revenu à Nancy,
pour achever ses études au lycée. Dès cette époque,
soutenu par le milieu familial où il se retrouvait,
il prit goût à l'étude, et devint un travailleur
acharné. De la Malgrange, il se rendait à pied, avec
son père, au lycée, à une heure de distance. Il
déjeunait à Nancy, d'une livre de pain et d'un fro-
mage blanc (1), et s'en revenait le soir à la Malgrange. Son endurance s'affirmait. Il semblait que
tout le portât vers le métier militaire, jusqu'à ses
aptitudes scientifiques très remarquables : il aimait
le latin, mais les exercices littéraires ne lui conve-
naient guère, tandis qu'il avait une prédilection
pour les mathématiques.

____

(1) Ses parents n'avaient pu le décider à prendre une
nourriture moins frugale.

Il fit une rhétorique quelque peu fantaisiste. Cette année-là, sa mère devait essayer dans le Midi de diverses cures pour rétablir sa santé compromise. On abandonna donc le lycée, et toute la famille se mit en route. Les chemins de fer ne fonctionnaient pas encore, et les voyages se faisaient en poste. C'était bien plus pittoresque. On avait tout le loisir d'observer le pays, et même, les relais étant nombreux, de le visiter.

A Lyon, les voyageurs prirent le « coche d'eau » jusqu'à Pont-Saint-Esprit. Puis, nouveau transbordement. On s'arrêta à Montpellier, où la famille devait passer l'hiver. Les deux frères y suivirent le collège.

Au printemps on se rendit à Montauban, pour retrouver Adolphe Monod, qui y était alors professeur ; l'été venu, on se transporta dans les Pyrénées, où la cure de Saint-Sauveur et celle d'Ussat rendirent quelques forces à madame Monnier. Chemin faisant on rendait visite aux « chrétiens », et des amitiés naissaient, cordiales, quelques-unes pour la vie.

Ce fut pour Edouard Monnier une année de détente et de joie parfaite. Le voyage, avec ses surprises continuelles, les Garrigues dorées par le soleil et balayées par le mistral, les Pyrénées, toutes ceintes de verdure et crénelées de neige, avec leur flore si riche, leurs prairies pullulantes de papillons nouveaux et rares ; la frontière d'Espagne franchie, avec une inquiétude causée par les histoires de brigands ; Puigcerda, et la vision d'un muletier de Cerdagne buvant à la régalade — autant de souvenirs, grands ou minutieux, également photographiés dans la mémoire de cet adolescent épris d'imprévu et de nature.

Il regretta cependant, par la suite, de n'avoir pas suivi régulièrement une rhétorique ; et à cette lacune de ses études, il attribua cette absence de « fini » qu'il y eut toujours dans ses discours, même les mieux préparés.

A la rentrée de 1847, Edouard Monnier fut envoyé à Paris pour compléter ses études. Adolphe Monod venait d'y être appelé. Il s'était établi rue du Faubourg-Poissonnière, dans un vaste appartement, propre à recevoir des pensionnaires. Edouard Monnier en fut, des premiers. Il était sous la surveillance de M. Rognon ; leur amitié data de ce moment.

En 1848, la révolution éclatait. L'effervescence fut grande parmi la jeunesse. Edouard Monnier avait gardé de très vifs souvenirs de ces journées dramatiques. Il avait souhaité le triomphe de la Révolution ; il avait le cœur tout plein de généreuses utopies ; il admirait Proudhon : c'est la seule période de sa vie où il ait été socialiste. Son frère Frédéric était d'ailleurs aussi exalté que lui ; et l'un des soirs les plus fiévreux de cette fiévreuse époque, la surprise d'Edouard Monnier fut grande en apercevant, en tête d'une colonne de manifestants, son propre frère. Les émeutiers l'avaient enrôlé

avec un certain nombre d'autres petits jeunes gens,
qu'ils faisaient marcher devant eux pour leur servir de paravent, et pour faire des « cadavres » avec
lesquels on fanatiserait la foule. Edouard, qui,
jusque dans son exaltation révolutionnaire, gar-
dait du sang-froid, et qui voyait clair, s'empressa
de tirer son frère de cette bagarre. Bien lui en
prit : quelques pas plus loin, la collision prévue se
produisait ; et une décharge abattait les premiers
rangs des manifestants.

Malgré les excès commis, qu'il jugeait sévèrement,
Edouard Monnier croyait à la République. Mais la
sottise des gouvernants l'exaspérait : il voyait le
peuple savamment exploité par les uns, emballé
mal à propos par les phrases creuses des autres.

Ses souvenirs de 1848 donnaient une fâcheuse
idée de ce personnel gouvernemental étrange. Et,
sauf sa petite fugue du côté de Proudhon, il en
était resté à Thiers, qui fut toujours la grande
admiration de sa vie.

Au bout d'un an, il entra à Sainte-Barbe, pour
se préparer à l'Ecole Polytechnique. Tout faisait
présager pour lui un avenir brillant : la protection
assurée de son grand-père, tout heureux de voir
ce petit-fils auquel il s'intéressait particulièrement,
entrer dans la carrière des armes, était à elle seule
une garantie de succès.

II

Cependant Edouard Monnier éprouvait, au moment d'aborder la carrière militaire, une invincible hésitation. Ce n'était pas en vain qu'il avait passé une année sous le toit d'Adolphe Monod. Il tâtonnait, il cherchait. En apparence, rien n'était changé en lui ; en réalité, il se faisait un travail sourd. Dieu l'attirait à Lui. Il se sentait mécontent de lui-même.

A Sainte-Barbe, il s'était lié très particulièrement avec un jeune homme qui appartenait à une famille très honorable, mais libre-penseuse. Paul-Emile Flye avait un cœur très chaud ; il y eut entre lui et Edouard Monnier une de ces amitiés qui ne reposent sur aucune analogie de caractère, mais qui, pour ne rien devoir au raisonnement, n'en sont que plus solides.

Sans doute, leur foi républicaine ardente dut contribuer à les rapprocher. M. Flye croyait, lui aussi, à la démocratie. Quand le Deux-Décembre vint, il y eut dans son âme un conflit terrible entre sa vocation militaire et sa foi démocratique. Sous le coup de cet événement où sombraient ses espérances, il écrivait à son ami Edouard :

On est si heureux, à une époque où les passions politiques vont jeter la haine et la méfiance entre tant de gens, de pouvoir se dire : Là au moins, j'ai un ami dont je suis sûr... Paris est profondément triste ; la terreur y règne, on passe en silence dans les rues ; et, si on a lâché quelque parole, on se retourne pour voir si elle n'a pas été entendue... Si ces milliers de gens éclairés ou réputés tels, qui se sont *ralliés*, selon le mot du jour, au conspirateur heureux, font si bon marché de la morale et de la loi, que faudra-t-il attendre des classes inférieures de la société, moins instruites, plus ardentes dans leurs passions, le jour où elles auront leur tour de pouvoir? Du reste, fions-nous à la Providence : ce sont peut-être ces hommes, au milieu desquels fermentent sans doute bien des mauvaises passions, mais dont le cœur et la conscience ne sont pas encore avilis, ce sont peut-être eux que Dieu enverra pour sauver la France du déshonneur d'un Bas-Empire. Attendons et espérons. Et occupons-nous dès aujourd'hui des meilleurs moyens d'être un jour utiles à notre pays. Toi, cher Edouard, tu as une mission bien belle et bien douce à remplir... ta mission à toi est d'éteindre les germes de haine, en développant dans les masses les sentiments de résignation et de charité chrétienne. C'est ainsi qu'on les rendra dignes de régner un jour, et vois-tu, si j'ai le bonheur de vivre encore ce jour-là, je consens à mourir le lendemain.

A Sainte-Barbe, Edouard Monnier n'avait rien négligé pour développer chez son ami le sentiment religieux, dont Paul-Emile Flye sentait vivement la nécessité.

A leurs heures de loisir, les deux amis visitaient

des familles pauvres. Ils lisaient ensemble la Bible, qu'ils avaient munie d'une couverture semblable à celle des livres de classe. Plus tard, dans leur correspondance, il sera question d'un « petit livre » qu'ils lisent, chacun de son côté, à une certaine heure, et M. Flye écrira à son ami : « C'est d'ordinaire le matin à quatre heures que je lis le petit livre : ainsi, tu ne pourras guère prendre cette heure-là, je pense. »

Après que leurs chemins eurent divergé, M. Flye garda pour son ami le même tendre attachement. Edouard Monnier était déjà pasteur à Fresnoy, que M. Flye lui écrivait encore : « Je te dirai, mon cher Edouard, que tu es un peu le pilote de ma barque, et que, quand il y a longtemps que tu n'as donné un coup de gouvernail, il me semble que je m'en vais un peu à la dérive. »

Paul-Emile Flye eut une brillante carrière. Au siège de Sébastopol, ce fut lui qui eut la gloire d'éteindre le feu de la tour Malakoff. A la fin de la guerre de Crimée, il eut le bras droit emporté par un boulet. Il reprit cependant du service en 1871. La Marne le nomma député tandis qu'il collaborait à la défense de Paris. A Edouard Monnier, qui lui avait écrit pour le féliciter de l'élection de son père, il répondit : « Ce n'est point mon bon père, comme tu le pensais et comme cela eût été beaucoup plus naturel, qui est le député de la Marne : c'est moi, mon cher Monnier, qui suis député malgré moi, et nommé à mon insu, pendant que j'étais bloqué dans

Paris où j'avais pris, pour la durée de la guerre, le commandement d'une batterie montée qui a eu à donner fortement dans les trois journées de Champigny et du Bourget...

« Tu as vu de près toute la tristesse de la guerre ; ta bonne petite ville de Saint-Quentin s'est vaillamment comportée ; et je te félicite mille fois d'avoir pu rendre à nos soldats les services que tu leur as rendus (1). »

Dans une autre lettre, il disait à son ami : « Viens donc, je t'en supplie, me voir un peu à Versailles, je serai si heureux de t'embrasser, et nous aurons tant de choses à nous dire ! Je te promets aussi, quand cela pourra se faire, une visite à Saint-Quentin. Je voudrais que nos enfants se connussent. »

Tout l'homme est dans ces lettres : simple, affectueux, profondément bon, ardemment patriote, et jusqu'au chauvinisme sans doute ; et aussi, nous pouvons le dire sans crainte de nous tromper, laissant la religion à l'arrière-plan, et s'en tenant à un déisme assez vague : avec cela, l'honneur même. Si Henri de l'Espée était un représentant accompli de l'ancienne France, M. Flye incarnait merveilleusement l'idéal et les vertus de la bourgeoisie française moderne.

(1) Tandis que M. Flye combattait à Paris, son frère, qui était receveur particulier à Avallon, laissant sa femme malade, s'était jeté dans Strasbourg. Il y fut blessé à la jambe par un éclat d'obus. On le voit, les Flye n'étaient pas une famille banale.

Peu à peu s'espacèrent les relations d'Edouard Monnier et de celui qu'il appelait toujours, avec un accent particulier d'affection : « Mon ami Flye. »

Ils se revirent, en 1889, à Vitry, où M. Flye s'était retiré, après avoir achevé dans les fonctions de trésorier-général sa belle carrière. Ils revécurent leurs souvenirs de jeunesse. L'amitié était vivante comme au premier jour ; les âmes étaient devenues lointaines. Quand ils se séparèrent en s'embrassant longuement, ils sentirent qu'ils ne se reverraient plus sur la terre et qu'ils s'étaient dit tout ce qu'ils avaient à se dire, ayant feuilleté ensemble une dernière fois le livre du passé. Aujourd'hui, ils se sont retrouvés en Dieu.

Or, un jour que les deux amis lisaient ensemble la Bible, leurs regards furent attirés par cette parole : « Priez le maître de la maison qu'il envoie des ouvriers dans sa moisson. » Pour Edouard Monnier, ce fut l'appel de Dieu. Priez !... Comment puis-je prier? Comment puis-je demander à Dieu qu'Il envoie des ouvriers, sans me décider d'abord à être moi-même un de ces ouvriers dont le Maître a besoin? Aussitôt, la lumière se fit dans son esprit. Je serai pasteur ! se dit-il.

C'était fini d'hésiter, fini de chercher sa voie. Son parti était pris. Il y aurait des obstacles à surmonter : il les surmonterait.

Le plus grand de ces obstacles ne devait pas tarder à disparaître. Ce qui troublait Edouard Monnier, c'était la crainte de causer à son grand-père, qui s'était réjoui de le voir embrasser la carrière militaire, un irréparable chagrin. Mais le maréchal s'éteignit en l'été de 1849, « chargé d'ans et de gloire ». Lui mort, il n'y avait plus de scrupules : rien qu'un sacrifice, dont l'immensité ne coûtait pas trop à la volonté fortement trempée d'Edouard Monnier.

Sa décision ne rencontra point chez ses parents l'accueil enthousiaste qu'il aurait pu espérer. Elle les surprenait. Assurément, toute ambition mondaine était morte en eux. Mais ils se demandaient si, avec ce tempérament réservé, cette tournure d'esprit essentiellement pratique, cette grande sobriété dans l'expression des sentiments, cet ensemble de facultés qui l'inclinaient à l'activité plus qu'au recueillement, leur fils possédait bien ce qu'il fallait pour être un pasteur utile, à la façon de Louis Meyer (qui incarnait aux yeux de madame Monnier l'idéal même du pasteur). Ils se demandaient s'il n'avait pas cédé à un entraînement passager. De là vient la sage décision qu'ils prirent, de lui fixer un stage d'un an avant la résolution définitive. Leurs lettres de cette époque font voir à quoi tenaient leurs hésitations, et que le désir des grandeurs n'y était pour rien :

Puisque tu as choisi une vocation aussi élevée, écrivait sa mère, il faut la bien remplir, et cela est assez sérieux : j'en suis même effrayée pour toi ; mais je pense que Dieu te l'a mis au cœur, et cela me rassure. Considère, réfléchis, consulte-toi bien toi-même avant de prendre un si grand parti, rien n'est fait encore.

Ses préoccupations intimes percent dans une autre lettre plus récente :

Que Dieu te donne, mon cher fils, une abondante mesure de grâce et de vérité, afin que tu puisses être réellement un moyen de bénédiction pour beaucoup d'âmes. Rien n'est au-dessus de cette vocation. Mais il faut la remplir réellement, comme je la vois remplir ici. Je crois que l'exemple de M. Meyer est pour beaucoup dans l'idée que je me fais du ministère.

Les parents d'Edouard Monnier ne s'étaient pas rendu compte de ses progrès intérieurs. Cette nature à la fois si loyale et si réservée s'était orientée insensiblement vers le ministère évangélique par une longue suite de réflexions dont elle n'avait fait part à personne. L'influence d'Adolphe Monod y fut sans doute pour une grande part. Mais la vocation d'Edouard Monnier s'explique suffisamment par sa foi, qui était simple et grande, et qui entraînait avec elle le sacrifice de toute ambition terrestre, dès l'instant où le service de Dieu l'exigeait. Quand il fut arrivé à la conviction que les ouvriers manquaient sur le champ divin, il ne demanda conseil à personne : son parti était pris. Il s'enrôla parmi les ouvriers de Dieu, sans y apporter cet enthousiasme qui, aux yeux du monde, légitime tous les sacrifices, et qui en adoucit singulièrement la rigueur. Il se fit pasteur *par devoir*. Si ce n'est pas là le genre de vocations dont on admire le plus la poésie, c'en est bien, on peut le dire, le genre le plus austère, et qui fait le plus grand appel à l'esprit de renoncement.

Edouard Monnier tarda assez longtemps avant d'annoncer sa décision à son ami le plus cher, Henri de l'Espée. Il se doutait bien qu'elle lui causerait quelque déception. Quand il s'en ouvrit à lui, ce ne fut point pour demander conseil : il ne voulait pas faiblir ; ce fut du ton qu'on prend pour annoncer un parti irrévocable. Henri de l'Espée se montra étonné que son ami n'eût pas fait appel à ses conseils avant de prendre une décision aussi grave, et que rien, dans son passé, ne semblait faire prévoir. Ils avaient eu justement une discussion politique. Edouard Monnier, qui était assez emporté, mais qui était le premier à regretter ses vivacités, avait demandé pardon à son cousin. Henri de l'Espée lui répondit par une lettre très mesurée, et pleine de bon sens :

En vérité, mon cher Edouard, j'ai été bien étonné de te voir commencer ta lettre par une demande de pardon : je t'assure que, depuis bien longtemps, j'avais oublié les discussions, vives parfois, je l'avoue, que nous avons eues l'hiver dernier, quand tu faisais déjeuner Proudhon en tiers avec nous deux ; notre amitié date de trop loin pour se rompre à propos de journaux, et tu peux bien compter qu'elle est la même aujourd'hui qu'au temps du collège et de notre enfance... Il s'agit vraiment de bien autre chose pour toi, pour nous qui te sommes attachés, que de quelques vivacités d'un quart d'heure. Tu viens de prendre une détermination bien grave, et je regrette presque... de n'avoir rien su avant ton départ... Sans doute, je crois que tu n'as pas fait à la légère un pas aussi considérable ; mais les conséquences m'en paraissent si grandes, si fécondes en difficultés et en travaux pénibles, que je ne puis m'empêcher de t'en parler... Ce que je t'en dis n'est pas un conseil que j'aie la prétention de t'imposer : toutefois, entre une telle façon d'agir et un silence absolu, je crois qu'il y a place encore pour moi ; et je pense que tu me permettras, en voyant placé dans de si sérieuses circonstances un ami que les liens de famille et d'enfance me rendront toujours cher, quoi qu'il puisse arriver, de te parler comme je l'aurais fait dans le cas où tu m'aurais informé à Paris de ta nouvelle décision.

Les études sont, dans l'état qu'on embrasse, incontestablement le temps le plus difficile, et une fois les premiers moments arides écoulés, on jouit d'une existence mélangée d'heur et malheur, comme celle de tous les hommes. La profession que tu embrasses a cela de particulier, que les études sont d'abord au moins aussi arides qu'ailleurs, et qu'ensuite elle t'impose des devoirs si exigeants, que sans vocation particulière il est impossible d'y suffire. Je ne doute pas que tu n'aies envisagé d'avance le fardeau que tu te disposes à accepter ; mais es-tu bien certain d'en connaître tout le poids ? Ce serait te ménager de terribles mécomptes, et plus encore, que de prendre pour vocation un désir dont les motifs n'ont assurément rien qu'on puisse attaquer, mais qui a mis, il me semble du moins, un temps bien court à se développer. Tu prends trop au sérieux, et je fais de même, un état qui peut te demander tant de sacrifices, pour l'embrasser sans l'avoir auparavant considéré sous tous ses aspects. Et crois-tu que je supporte aisément l'idée de te voir accablé d'obligations, de travaux, éloigné peut-être de tous tes proches, expatrié... et regrettant alors de n'avoir pas suivi une autre voie? Certes, je m'accuserais moi-même, si je n'avais pas mis sous tes yeux le tort où je te verrais tomber, avec le chagrin que j'aurais toujours à ne pas te voir heureux... Tout ce qu'on veut bien connaître, il faut le regarder par toutes les faces; laisse-moi te prier instamment de regarder ton avenir à mon point de vue, après l'avoir contemplé au tien; n'engage pas ta vie entière, les yeux fermés. Ce serait un grand malheur pour toi, et une grande douleur pour ceux qui t'aiment.

Dans la suite, Henri de l'Espée se rendit aux raisons de son cousin, non sans garder en son cœur le regret d'une décision qui séparait deux existences faites, à ce qu'il semblait, pour être étroitement associées. Leur amitié n'en fut pas atteinte.

Quant à Gaston de l'Espée, il ne comprit pas très bien, ne s'émut pas outre mesure, et prit les choses rondement. Quelques années plus tard, il écrivait à son cousin Edouard :

Maintenant, où je vais partir pour l'Afrique, je veux

prendre un moment pour te montrer que tu as raison de ne pas nous croire refroidis, malgré les circonstances extérieures. Tu as raison aussi de dire que nos idées sont les mêmes sur beaucoup de points ; nous avons tous deux de l'aversion pour le train-train de la vie habituelle, et je crois que c'est ce sentiment, que j'appelle ambitieusement de la philosophie, qui nous a portés, toi, à embrasser une carrière qui ouvre un ordre de choses à part, et moi, à suivre la carrière militaire, à cause de l'insouciance et de l'indépendance réelle qu'on y acquiert. Seulement, pour faire ma confession, il se mêle à ma philosophie un petit rayon d'épicurisme.

Comme il était naturel, le reste de la famille accueillit assez mal la fâcheuse nouvelle. Le comte Molitor, qui était un homme très religieux, et qui aimait à s'entretenir avec son confesseur, fit à son neveu des objections captieuses, puis finit par lui dire : « Eh bien, puisqu'il en est ainsi, je te soumettrai des cas de conscience. » Mais en général, les bonapartistes de la famille, habitués à faire peu de cas des prêtres en général, et à considérer qu'un pasteur, c'était en quelque sorte un prêtre au rabais, montrèrent du dédain. On en jugera par l'incident suivant, qui dut se répéter cent fois :

Quant au dîner du jeudi, écrivait Frédéric Monnier à son frère, le duc et la duchesse d'Elchingen y sont venus. On m'a fait beaucoup d'amitiés, la duchesse surtout : elle m'a demandé ce que tu faisais, où tu étais ; et quand j'ai répondu que tu étais à Stras-

bourg, elle m'a interrompu pour s'écrier : Ah ! c'est
vrai, il se fait ministre ! et une longue pause a suivi.
Henri et ma tante paraissaient assez gênés.

Mais la plus mécontente, et la plus dédaigneuse,
ce fut la grand'mère que nous avons vue à l'œuvre
autour des foins et des séchoirs à linge. « Quoi !
disait-elle à son petit-fils, tu veux te faire capucin ! »
Et à Frédéric elle tenait ce langage : « J'espère bien
que tu ne vas pas faire comme ton bête de frère.
Sa théologie ! sa théologie ! qu'est-ce que c'est que
cela ? Est-ce une position ? Je pense qu'au moins il
va cesser bientôt, et qu'il se mettra à faire quelque
chose de plus convenable, de plus avouable ! »

D'ailleurs, elle n'y mettait guère plus de formes
avec Edouard lui-même : « Qu'est-ce que tu vas
faire à Strasbourg ? J'espère bien que tu ne vas
pas te fourrer dans tous ces calotins-là ? On me dit
que tu étudies pour te faire ministre. Ce sont tous
des grigous. Qu'on laisse ça à de pauvres diables qui
ne peuvent que tendre la main, à la bonne heure !
Mais pour toi, ce serait bien honteux, bien désho-
norant. »

Tout cela était peu encourageant. A force de
droiture et de simplicité, Edouard Monnier désarma
les scrupules de ses parents et les railleries des
autres. Il « mit la main à la charrue sans regarder en arrière, » et il en fut récompensé par l'estime générale. Mais le passé s'éloignait de lui. En
partant pour Strasbourg, il disait adieu à son

enfance, et presque à tout ce qu'il avait aimé jusque-là. Son cœur se serrait en quittant sa chère Malgrange, plus belle, disait la grand'mère, « que tous les jardins des Plantes ». En rapportant cette expression naïve, il ajoutait : « Le fait est que la Malgrange est bien belle, remplie de verdure et d'oiseaux. Il y a surtout une foule de rossignols, cette année. » Aussi partait-il sans enthousiasme. Il sentait bien qu'une période de sa vie — la plus heureuse — s'achevait. Il y a de la mélancolie, encore que souriante, dans cette lettre d'Henri de l'Espée, datée de l'année suivante, 1851 : « Sais-tu que je commence à croire que nos deux collections s'en vont avoir le sort de tant d'autres, et moisir tristement à l'écart ! C'est décidément une passion éteinte...

« Un grand événement, c'est la destruction de notre cave, qui a été comblée, et celle de la rabacou (1), qui tombait en ruines. Il ne restera plus que des vestiges et des souvenirs impérissables de toutes nos constructions. *Sic transit gloria mundi.* »

III

La Faculté de Strasbourg, dont Édouard Monnier allait suivre les cours, était réputée pour la

(1) C'était, dans la langue qu'ils avaient créée, le nom de leur cabane.

valeur scientifique de ses professeurs. On y pratiquait les méthodes allemandes, qui en théologie sont les bonnes ; l'esprit scientifique y était affranchi de tout préjugé d'ordre doctrinal ; la méthode historique y régnait en souveraine. Ce n'était pas encore le temps de ces grands débats théologiques où devaient briller les noms des Bois, des Pécaut, des Colani, des Sabatier. L'histoire dominait, avec Reuss, ce maître incomparable, qui mêlait à l'érudition germanique un peu de la clarté française. Placé au confluent de deux langues et de deux cultures, Reuss tirait parti de cette situation unique : il avait à la fois le sens aiguisé de l'histoire, des intuitions vraiment géniales sur le passé, l'intelligence du possible et du probable, un bon sens qui l'inclinait aux solutions moyennes ; son indépendance doctrinale, qui était absolue, était tempérée, quant à ses effets, par ce respect de la tradition qui est bien, lui aussi, quoi qu'on en dise, une qualité de l'historien.

On conçoit l'influence que ce maître dut exercer sur une intelligence aussi nette, aussi éveillée, aussi libre que celle d'Edouard Monnier. Il admit sans effort les méthodes de Reuss, et la plupart de ses résultats, qui satisfaisaient son bon sens et n'irritaient en rien son sens religieux. En théologie, il en resta à Reuss ; et véritablement, si l'on parcourt les principaux ouvrages de théologie historique qui ont été écrits depuis une cinquantaine d'années, on s'aperçoit que ce qu'ils renferment de meilleur,

Reuss l'avait déjà trouvé ; et que, sur presque tous les points où ils s'écartent de lui, ils ont de grandes chances d'avoir tort. Sabatier a largement reconnu ce qu'il devait à Reuss ; Wellhausen aurait pu le reconnaître. Et, parmi ces ouvrages théologiques qui vieillissent plus vite peut-être que ceux de n'importe quelle autre science, la *Théologie apostolique* reste un chef-d'œuvre.

Mais l'influence de Reuss était redoutée. Dans les milieux influencés par le Réveil, Reuss passait pour n'être pas chrétien. En effet, il n'était pas théopneuste. Il est singulièrement touchant de voir avec quelle sollicitude les parents d'Edouard Monnier s'efforcèrent de mettre à côté du poison l'antidote. Tout, jusqu'au choix des livres, les préoccupait.

J'ai été hier chez M. Monod, écrivait Auguste Monnier à son fils, et lui ai parlé de ta lettre et de tes projets. A l'égard d'un dictionnaire, il regarde un dictionnaire spécial comme tout à fait nécessaire. Celui qu'il préfère est celui de Robinson, qui est grec-anglais. Il est traduit des meilleurs dictionnaires allemands, mais avec un esprit plus chrétien (quoique laissant encore fort à désirer). M. Monod pense que si tu ne prends pas Robinson, il faut suivre l'indication de M. Reuss. Il ne connaît pas l'ouvrage de Wilke, mais ne t'es-tu pas trompé, et ne faut-il pas lire Wohle ? Seulement, dans ce cas, tu seras prévenu qu'il règne dans l'auteur un esprit hétérodoxe.

Dans la suite, il combattit chez son fils un zèle trop ardent pour les études, et spécialement pour les études critiques :

Je ne saurais trop te mettre en garde contre le point de vue des élèves et des professeurs, qui tous attachent trop d'importance à une réussite de cours. On ne travaille jamais trop, on ne sait jamais trop. Mais la science, le savoir n'est pas un but. C'est un moyen, un instrument. Or, pour les professeurs, c'est assez naturellement un but, qu'ils exagèrent cependant.

Pour vous, mes amis, ne perdez pas de vue que c'est un moyen... Si tu persistes à te vouer au ministère, ta science t'y servira de peu, quoiqu'elle t'y serve. C'est la piété, la foi, la vie chrétienne, l'esprit de prière, le zèle, la charité. Voilà les choses qui sont un but à atteindre, avec la conversion des âmes.

Dans les écoles, on voudrait tout classer, tout analyser ; c'est comme cela qu'on arrive au doute, à l'incrédulité. On a beaucoup ri des médecins qui, parce qu'ils n'ont jamais pu trouver l'âme, ni la vie, sous leur scalpel, ni dans leur creuset, en viennent à nier l'une et l'autre ; et en toutes choses, on arrive au même résultat. Apprenez du grec, de l'hébreu ; étudiez les preuves, les doctrines, mais n'allez pas mettre en jeu votre vie chrétienne. Le christianisme est esprit et vie, n'oubliez pas cela. *E pur si muove*, s'écriait Galilée... Les raisonnements n'y feront rien : le christianisme vit.

Quelque chose me frappe, c'est la facilité avec laquelle, une fois entré dans le rationalisme (j'entends par là l'art du raisonnement), on accepte comme difficultés des choses que les gens du dehors, que l'huma-

nité entière regarde en souriant. C'est ainsi que
M. Schérer voit une montagne là où M. de Gasparin
ne voit qu'un peu de poussière sur laquelle il souffle, et
elle part.

En somme, cher ami, ne te noie pas dans ces discussions. Prie et lis pour ton édification, recherche la
vie spirituelle. Le reste viendra toujours.

D'ailleurs, ce qui caractérise ces lettres d'un
chrétien fermement attaché aux idées du Réveil,
c'est l'horreur de tout intellectualisme, de l'intellectualisme orthodoxe comme de l'autre :

On peut rester orthodoxe, et être sans vie. Le christianisme est esprit et vie, il n'est pas *doctrine*, au
moins il ne l'est que subsidiairement. Combien il y a
d'orthodoxes morts, sans valeur, sans énergie, sans
utilité !

Sans la foi, tout se trouve dépourvu de sel et de saveur : or, tu as déjà pu en faire l'expérience, la foi,
la vie tiennent à la prière, à elle seule. La science sert
de peu, mais la charité (l'amour de Dieu et des
hommes) sert à tout.

Madame Monnier, inquiète de savoir son fils sous
l'influence de M. Reuss, « qui peut avoir du talent,
disait-elle, mais qui n'a pas la foi, » se montre
rassurée quand elle apprend qu'il est en relations
avec M. Berger : « T'a-t-il parlé des doctrines chrétiennes, ou de la vie pratique ? t'a-t-il parlé de la
prière ? dis-moi tout cela en détail, cela m'intéres-

sera beaucoup. » Elle insiste beaucoup sur les effets du manque de prière. « On ne croit bien ces choses-là qu'après en avoir fait l'expérience. On sait alors que *rien* ne peut remplacer ces communications intimes avec Dieu: si on les néglige, on se dessèche, on se dissipe, on risque de tout perdre ; c'est là la véritable *crainte* chrétienne, la crainte de perdre la grâce et la vie de l'âme... Aie donc bien soin de ne pas te négliger là-dessus : il faut arranger ta vie en conséquence, et surtout te réserver cette heure du matin qui sert à préparer la journée, et qui en général est plus sûre que les autres temps. » Elle revient souvent là-dessus : « Conserve bien cette heure du matin : je suis toujours plus convaincue que c'est pour tous le grand moyen, et qu'il n'y en a pas d'autres. Tous les pasteurs pieux et influents sont ou ont été des hommes de prière. »

La même note de sollicitude touchante reparaît dans toutes ses lettres : « Tu ne me dis pas si tu t'accoutumes à prier haut, ni si tu as commencé les petites réunions dont tu parlais. Je te supplie de ne pas négliger la *vie*, qui vaut bien mieux que la science. Les choses pratiques me paraissent bien plus utiles que les cours. Parler aux pauvres, les consoler, les éclairer, prier avec eux, c'est ce que tout le monde recommande avec raison... »

Et elle ajoute ce post-scriptum qui nous montre avec quelle tendresse elle s'ingéniait à pénétrer le caractère si réservé de son fils : « Je t'en prie, quand tu commences une phrase, ne l'efface pas, car il semble que tu craignes de dire ce que tu penses. Pourquoi ne pas achever ta pensée ? J'aime tant quand tu me montres de l'ouverture et de la confiance ! Et n'est-ce pas aussi bien naturel ? Cher enfant, tu ne sais pas combien nous t'aimons, et combien nous avons besoin de n'être pas tout à fait séparés de toi ! »

Cependant, Edouard montrait plus d'ouverture à ses parents. Il leur signalait avec une certaine complaisance les difficultés qu'il trouvait au dogme de l'inspiration littérale. Son père essayait de le raisonner, profitant de ses entrevues avec Adolphe Monod, Frédéric Monod, Louis Meyer, pour amener sur le tapis les objections soulevées par Edouard, et inspirées par l'enseignement de Strasbourg. Il envoyait à son fils les résultats de ses consultations. En général, ces réponses ressemblaient fort à des cercles vicieux. Plus heureuse, sa mère ne s'appuyait guère que sur son instinct religieux pour réfuter ces subtilités de logique :

J'ai vu avec quelque peine que tu n'as pas une conviction ferme sur l'inspiration, mais j'espère que tu y arriveras. Tu sentiras qu'elle est une nécessité. Je crois que le raisonnement peut la défendre et la soutenir, mais il y a une autre preuve pour un cœur converti, c'est celle de la puissance des Ecritures dont il a fait l'expérience : c'est comme la divinité de Jésus-Christ, on ne pourrait s'en passer.

Ensuite, ne te presse pas tant d'arrêter toutes tes convictions. Ce que tu ne vois pas clairement, tu le verras plus tard. Les jeunes gens se pressent trop de décider. Si tu doutes, prie, attends. Dieu te montrera plus tard. Dans ce qui pourrait être contraire surtout à l'orthodoxie, arrête-toi, ne décide rien.

Lui répondait, non sans apparence de raison, que ses arguments n'avaient pas été ébranlés, et il s'attaquait aux « preuves externes » de l'inspiration ; mais elle ripostait victorieusement, avec l'admirable justesse d'intuition de son cœur : « Mon cher Edouard, je n'ai pu prétendre t'envoyer une démonstration quelconque, mais je tiens à mon point de vue, que les preuves intérieures sont les meilleures. Avec elles, on a la vie, sans laquelle le reste n'est rien. »

De ces avertissements, de ces discussions, il ne faudrait pas conclure que l'influence d'Adolphe Monod se soit exercée dans un sens hostile à la Faculté de Strasbourg. Ce serait mal connaître ce grand esprit, qui joignait à une admirable fermeté de convictions une rare pondération de jugement. A un moment donné, quand les souvenirs de l'enfance l'emportaient encore dans l'âme de l'étudiant sur l'influence de Reuss, Edouard Monnier avait souhaité d'aller à Genève. Son père consulta, suivant l'usage, Adolphe Monod, et, à la suite de cet entretien, il écrivit à Edouard :

A Genève, il est vrai que tu trouveras plus de soins donnés à la prédication, ou plutôt à la *diction*, mais ce qu'on y apprend est un genre académique, déclamatoire, faux. Loin de t'encourager à y aller, il te déconseille Genève, justement à cause du cours de prédication et de déclamation. Il vaut infiniment mieux, dit-il, monter en chaire avec ce qu'on a naturellement, avec simplicité, qu'avec une manière artificielle d'arranger ses mots, d'arrondir ses périodes. Il désire que tu étudies seul les bons sermonnaires, remarquant surtout le développement de l'idée, et laissant venir les mots comme ils te viendront. A Genève, tu étudieras tout le contraire. Genève a perdu l'art oratoire en France, et y a substitué un genre faux, déclamatoire, contre lequel on ne saurait trop se mettre en garde.

A ces idées du maître, j'ajouterai, cher ami, que mon expérience d'*auditeur* confirme les pensées de M. M... Rien n'est fastidieux comme l'art ; il faut à l'esprit des idées, et les idées ne viennent que par la réflexion, la lecture et le Saint-Esprit, qui joue un faible rôle dans tous les cours, et qui reste cependant le seul bon maître. Si on a pu dire : *facit indignatio versum*, à plus forte raison faut-il ajouter que ce qui fait l'orateur c'est le désir de faire du bien à un auditeur, c'est le cœur parlant à des cœurs, c'est la vie intérieure, c'est l'Esprit de vie : vois Neff remuant ses auditeurs, Mme Fry arrachant des sanglots à des centaines de condamnées ! Est-ce le talent oratoire, ou est-ce la vie, l'amour, la foi dont ils sont animés eux-mêmes ? *Vir bonus dicendi peritus*, doit se traduire par *vir sanctus* d'abord ; quant à la science, ce qu'il lui faut, c'est, je le répète, des idées, de la lecture.

Adieu, cher enfant, j'espère que Dieu te donnera cette science intérieure, et cette efficace qui vient du cœur.

Avec de telles directions, les études d'Edouard Monnier ne pouvaient être que fructueuses et bénies.

Il les avait commencées sans beaucoup de joie, avec le regret de la Malgrange dans le cœur. Il s'était d'abord senti isolé, loin de ses cousins et de son ami Flye. Et dès le 7 novembre 1850, il pouvait écrire à ses parents :

Ce qui me fait surtout plaisir, c'est que je me sens vraiment le désir et la vocation d'être pasteur.

Tout en se livrant avec ardeur à l'étude du grec et de l'hébreu, et en suivant assidûment les autres cours, il ne négligeait pas l'édification. Il faisait partie d'une « société de théologie pratique, » composée d'étudiants, et qui avait pour objet la visite des familles pauvres. Il s'efforça de lui donner un caractère plus religieux. Sur son initiative, on y introduisit une lecture et une méditation de la Bible, et l'on demanda à un pasteur de présider les séances. Il y eut des tiraillements, deux ou trois démissions, et le résultat ne fut pas extraordinaire ; mais l'intention était louable.

Edouard Monnier pouvait retremper ses forces spirituelles au Ban-de-la-Roche, chez l'excellent ami de son père, Daniel Le Grand, dont la maison devint pour lui une seconde maison de famille. Lors de l'incendie de Belmont, qui a laissé de si lugubres souvenirs aux habitants du Ban-de-la-Roche, il aida vaillamment au sauvetage, et se hissa sur le toit de la maison d'école, avec une lance à feu, pour combattre l'incendie. Il ne quitta ce toit que lorsqu'il fut envahi par les flammes.

D'ailleurs, il ne craignait pas le danger. Il aimait les exercices physiques, et il y déployait une grande audace. Un jour, son ami Flye, alarmé par son silence, lui écrivait avec sa chaleur accoutumée :

Je crains qu'il ne te soit arrivé quelque chose. Tu es si imprudent ! Tiens, il faut que tu avales un suif pour ce que tu me racontes dans ta dernière lettre, d'antique mémoire : comment, tu vas te baigner sous la chute d'une haute cascade ! Cela a-t-il le sens commun ? Songe donc que tu n'as pas le droit de jouer comme cela, par plaisir, avec la vie ou la santé ; est-ce que notre vie ou notre santé sont à nous ? est-ce qu'elles ne sont pas à celui qui nous les a données, et à ceux à qui nous pouvons les consacrer ?

Il faut convenir qu'Edouard Monnier méritait quelque peu cette mercuriale. Un jour, il paria de traverser, quatre fois de suite, le Rhin à la nage, du côté du Kehl, et il gagna son pari. Un de ses camarades, qui avait voulu concourir avec lui, s'était arrêté au troisième voyage.

Il déploya une énergie plus grande encore, lors

d'une course qu'il fit à Allerheiligen, en compagnie de ses camarades Pauvert, Charlier et Douen. C'était en plein hiver : la Forêt-Noire, qu'il fallait traverser, était remplie de neige, où l'on enfonçait jusqu'au-dessus du genou. La marche des quatre excursionnistes en fut singulièrement ralentie, et à la descente, deux d'entre eux, Charlier et Douen, se laissèrent tomber dans la neige, déclarant qu'ils ne pouvaient plus avancer. Il faisait un froid très vif : c'était la mort certaine pour ceux que le sommeil des neiges allait prendre. Les deux autres, qui avaient conservé leur énergie, finirent par user d'arguments frappants qui, bien appliqués sur le dos de leurs compagnons, leur donnèrent la force de faire encore quelques pas. Mais bientôt, ils se couchèrent de nouveau sur la neige, déclarant que, cette fois, rien ne les ferait plus avancer. Il n'y avait qu'un parti à prendre : allumer du feu. Les voyageurs tâtèrent leurs poches. L'un des quatre avait des allumettes ; un autre, un volume de Lamartine. On ramassa des branches de sapin ; et bientôt, grâce à Lamartine, une flamme joyeuse s'éleva.

Edouard Monnier et Pauvert résolurent d'installer les deux invalides auprès du brasier, et de chercher du secours. Ainsi fut fait. Mais à peine avaient-ils fait cent pas, qu'ils entendirent derrière eux un grand bruit. Les autres avaient voulu les suivre ; et, à demi engourdis, ils s'étaient laissé choir. Il fallut les ramasser, et les remettre devant le feu. Edouard Monnier se décida à rester

auprès d'eux. Pauvert disparut. Bientôt, la nuit
vint : une nuit glacée. Le silence n'était interrompu que par le crépitement des branches de
sapin qui craquaient sous l'effort de la flamme, et
par les mots entrecoupés que les dormeurs pro-
nonçaient dans leur sommeil. Quand ils se réveil-
lèrent, le feu était près de s'éteindre. La provision
de bois, ramassée à grand'peine aux alentours,
était épuisée.

De longues heures s'étaient écoulées. Pauvert
s'était égaré, sans doute. Il n'y avait plus d'espoir.

Se voyant en face de la mort, les trois amis
prièrent ensemble. Puis, Douen avisa un feuillet
du Lamartine, épargné par les flammes. Machi-
nalement, il le prit, et lut. C'était une poésie sur
l'immortalité. Cette lecture leur rendit du courage.

Edouard Monnier, qui ne cessait de réconforter
les autres, avait fait à part lui le sacrifice de sa
vie. Soudain, une lumière brilla : c'était le secours
attendu. Bientôt les quatre compagnons se trouvaient réunis à la maison forestière d'Allerheiligen.
Cet épisode devait rester gravé dans leur mémoire.
Douen garda précieusement le feuillet providentiel
de son Lamartine, et le fit encadrer en mémoire
de la délivrance dont cette poésie lui rappelait le
souvenir.

En cette circonstance, Edouard Monnier, par
son sang-froid et son énergie, avait sauvé deux
vies humaines.

En janvier 1852, il eut la douleur de perdre sa

mère. Depuis des années, son état de faiblesse
n'avait fait qu'augmenter, et il n'y avait plus de remède. Elle s'éteignit enfin, jeune encore, et n'ayant
guère vécu, depuis de longues années, que pour la
souffrance. Aucune caractéristique ne vaudrait celle
que Louis Meyer a donnée d'elle dans une admirable lettre, adressée à M. Monnier :

Je vous cherche souvent dans votre solitude et votre
isolement, au milieu de ces soins et de ces travaux
auxquels manque sans cesse le soin si douloureux et
si doux qui vous occupait. Je pense aussi beaucoup à
notre bienheureuse, et au témoignage glorieux qu'elle
nous a laissé, ou plutôt que le Seigneur Jésus nous a
donné par elle. Il me fait sentir par elle, avec une force
croissante, tout ce qu'il y a de consolation dans cette
parole : « Il a choisi les choses faibles du monde pour
confondre les fortes », et tout ce qu'il y a d'éclatante majesté dans l'œuvre de la grâce, précisément lorsqu'elle
se révèle en notre infirmité. Je comprends mieux aussi,
en pensant à Elle, tout ce que met d'intime dans la
communion des saints cette communion de la grâce
qui fait que tout ce qui arrive à l'un est une promesse
pour les autres, et que tout ce qu'ont vaincu par Jésus
ceux qui nous devancent est un gage pour nous
qui restons, et comme un cri qui descend du haut du
ciel et qui nous dit : Nous donc aussi !... (*Hébr.*, xii).

IV

Durant l'été de 1852, Edouard Monnier fit successivement deux voyages qui marquèrent dans sa vie. Pour la première fois, il fut mis en présence des Alpes. Elles devaient prendre possession de son cœur. Il leur dut les plus pures joies de sa vie.

L'un de ces voyages se fit en compagnie d'Adolphe Monod, de son fils William, et de Louis Meyer. Il dura tout un mois, et laissa des souvenirs ineffaçables.

L'expédition parcourut le Valais et le massif du Mont-Blanc. Malgré le mauvais temps, ce fut un émerveillement continuel. Les Alpes étaient encore très peu connues : c'était un voyage de découvertes. Des tempêtes de neige fréquentes donnaient l'illusion, presque la réalité du péril. On descendait dans des auberges primitives, chez des curés valaisans, comme ce bon curé d'Evolène, qui s'autorisait de la présence d'un Anglais dans la petite caravane pour faire servir à tout le monde de la viande, le vendredi. Adolphe Monod ne perdait pas une occasion d'évangéliser : il entreprit l'excellent homme, et le laissa fort ébranlé, mais ne pouvant se résoudre à lire des écrits hérétiques « sans la permission de Monseigneur ».

Dans l'Allée-Blanche, Adolphe Monod eut un entretien religieux avec son guide, et lui remit des traités. Il y eut dans la suite un mouvement religieux à Courmayeur. Lorsqu'Edouard Monnier y revint, trente-sept ans plus tard, il y trouva une petite église qui devait sans doute, pour une part, son origine au voyage d'Adolphe Monod.

C'était un admirable voyageur qu'Adolphe Monod. Si paradoxale que la chose puisse sembler, peu d'hommes ont aussi bien compris la nature, et l'ont aussi parfaitement aimée. Au cours d'un autre voyage, il se trouvait sur la terrasse du château de Bade, ayant à ses pieds une mer de verdure. Ceux qui l'entouraient le virent avec émotion se découvrir et réciter de sa belle voix profonde le Psaume 27 : Les cieux racontent la gloire du Dieu fort, et l'étendue célèbre l'ouvrage de ses mains...

Il savait supporter paisiblement, gaiement même, toutes les intempéries et tous les inconforts. Il lui importait peu d'être mal logé, mal nourri : la pluie et la neige n'atteignaient point sa sérénité. Louis Meyer, au contraire, avait quelque peine à se résigner aux inconvénients inévitables de ces sortes d'expéditions. Les défectuosités de son installation chez les curés du Valais l'assombrissaient parfois. Il était plutôt porté, en général, à envisager le côté fâcheux des choses, tandis qu'Adolphe Monod, lui, prenait tout par le bon côté.

Il avait pourtant une grande épreuve à surmonter : c'était son sac. Madame Monod, en épouse prévoyante, avait acheté à son mari un sac de dimensions respectables ; après quoi, elle l'avait bourré de toute sorte d'objets de toilette : peignes, brosses, grands et petits flacons, en y ajoutant une provision de linge qui aurait pu suffire pour le tour du monde. Le tout pesait cruellement sur le dos du grand prédicateur. Edouard Monnier, dont le bagage était plutôt trop simplifié, n'avait pas tardé à s'apercevoir des efforts auxquels la sollicitude conjugale avait condamné Adolphe Monod. Prétextant la fatigue, il le pria de bien vouloir prendre son sac, et il s'offrit, en retour, à le décharger du sien. Adolphe Monod, d'abord étonné, sourit, et consentit. Dans la suite du voyage, il lui arriva plus d'une fois de dire à son jeune compagnon : « Edouard, vous paraissez fatigué, ne voulez-vous pas me donner votre sac ? » Ce fut une grande joie pour Edouard Monnier d'avoir pu alléger le fardeau d'Adolphe Monod.

Dans les haltes surtout, ou encore durant les heures de pluie, le génie inventif d'Adolphe Monod se déployait. Il instituait des concours de déclamation. Il demandait aux jeunes gens quelle attitude Joad devait prendre en prononçant sa prophétie. Aucun n'y réussissait. Ils se sont toujours souvenus de son geste inspiré, et de la façon dont il prononçait la superbe tirade, les mains rejetées en arrière, dans un frémissement de terreur sacrée.

Quelque temps auparavant, Edouard Monnier avait fait, en compagnie de son père et de son frère, un autre voyage beaucoup plus court, mais dont les conséquences devaient être singulièrement importantes.

A la Furka, les deux frères avaient rencontré trois jeunes gens de Genève avec lesquels ils avaient lié conversation, et pour qui ils s'étaient pris aussitôt d'une vive sympathie.

Ils se nommaient Dunant, de Traz et Rosselet.

On fit route ensemble, par l'Oberalp, jusqu'à Coire, causant de mille sujets, mais surtout d'évangélisation. Henri Dunant racontait à ses nouveaux amis tout ce qui se faisait à Genève pour l'Evangile, spécialement parmi les jeunes gens, et les engageait à en faire autant. Edouard Monnier le pressait d'achever ces œuvres, et lui ouvrait des perspectives nouvelles. Quand on se sépara, dans la cour des Messageries de Coire, ce fut avec la promesse formelle de s'écrire. On se tint parole. Le 7 septembre, Henri Dunant écrivait à son nouvel ami :

Le Seigneur, qui fait tourner toutes choses au plus grand bien de ses enfants, avait ménagé cette rencontre à la Furka... Il m'a été précieux de vous rencontrer... En particulier quant à la question d'Eglise et à tout ce qui s'y rattache, dont nous nous sommes entretenus assez longuement ensemble, j'ai adopté vos vues, les trouvant excellentes.

En vous quittant, j'éprouvais un sentiment de tristesse et de vide, que je ressentis plusieurs jours encore après notre séparation. Il m'avait été si doux de voyager avec vous, de m'entretenir avec vous en particulier, mon cher Edouard, de l'amour de notre bon Dieu et Père.

Qu'il est beau de voir cette affection réelle et profonde entre les enfants du même père, les rachetés du même Sauveur, les croyants qu'un même Esprit sanctifie ! Oh ! faisons tous nos efforts, et prions beaucoup, afin que ce temps revienne où l'on disait : « Voyez comme ils s'aiment ! »... Mais le Seigneur a lui-même légitimé des affections plus particulières,.. Si je vous demande votre amitié, en vous assurant de toute celle que j'éprouve pour vous, qui, bien plus réelle que toutes les liaisons du monde, et soumise au Saint-Esprit, est née du plaisir que j'ai eu à vous rencontrer, du bien que vous m'avez fait, du charme de votre conversation, de votre caractère qui me plaît fort, de votre activité chrétienne, etc..., etc..., je suis sûr que vous ne me la refuserez pas.

Dans les entretiens de l'Oberalp, il avait été longuement question de l'évangélisation du Tessin. Edouard Monnier avait mis cette œuvre sur la conscience d'Henri Dunant. Aussitôt rentré à Genève, Dunant se mit au travail, et il fit de bonne besogne. Dès les premiers jours de septembre, il pouvait écrire :

La société d'évangélisation pour la Suisse italienne est formée ; elle se compose de MM. William Turrettini, J.-L. Micheli, Aloys Diodati, Gustave Pictet de Sergy, Henri Lullin, Edouard Monnier, Maximilien Perrot de Pourtalès, Ernest de Traz et Henri Dunant.

M. de Sanctis m'a promis deux colporteurs italiens, m'a offert tous ses services, me traduit des traités et en compose d'autres en italien. J'ai déjà reçu de beaux dons. J'ai le concours empressé de MM. Malan, Merle d'Aubigné, Gaussen, Tronchin, pour l'Angleterre et l'Ecosse... Tous les membres du Comité, excepté les deux premiers, qui sont un peu plus âgés, sont des jeunes gens chrétiens, riches, et qui pourront y consacrer du temps. Ce sont les noms auxquels je pensais lorsqu'entre Ilanz et Reichenau vous mettiez sur ma conscience cette œuvre de la Suisse italienne. »

Ces beaux projets eurent une réalisation pratique. Un colporteur, M. Nési, fut envoyé au Tessin, et y distribua des brochures. Henri Dunant lui-même, dès son retour de Coire, avait profité de son passage à Domo d'Ossola pour faire des distributions de brochures qui avaient attiré sur lui l'attention, plutôt malveillante, des curés et des carabiniers.

Les lettres échangées au cours de cette année et de la suivante entre Henri Dunant, Max Perrot et de Traz d'une part, Edouard et Frédéric Monnier de l'autre, nous font assister à la naissance des Unions chrétiennes. On a dit qu'elles avaient pour berceau l'Angleterre. Il serait plus juste de dire qu'elles ont été dans chaque pays le produit spontané du Réveil (1). Les Unions chrétiennes n'ont

____

(1) Le *nom* même d'Union chrétienne de jeunes gens a été trouvé en Angleterre, et il a été donné pour la pre-

pas été créées par un plan d'ensemble, embrassant le monde. Elles sont nées du groupement spontané des jeunes gens chrétiens, qui à cette époque de trouble universel sentaient le besoin de prier ensemble. Ils se réunissaient, par groupes de deux, trois, quelquefois dix ; puis, au nom de cette fraternité universelle des chrétiens dont j'ai parlé, et qui était, à l'époque du Réveil, autre chose qu'un mot, ils entretenaient une correspondance suivie avec d'autres « réunions de prières, » et ainsi s'esquissaient les linéaments de cette Alliance Internationale des Unions qui est une des puissances du monde moderne (1).

C'est ainsi qu'une lettre de Frédéric Monnier à son frère, datée du 4 novembre 1852, nous renseigne sur les origines de l'Union de Paris :

Il y a juste un an qu'ont commencé à Paris les réunions dont elle est sortie. Trois Genevois, Gibert, Mercier et un autre se réunissaient, chaque semaine une fois, pour prier entre eux. Les réunions se sont bientôt accrues considérablement. Enfin, en mars, les membres

mière fois à l'Union chrétienne de jeunes gens de Londres, en 1844, mais ce n'était pas une invention bien compliquée. C'est la *chose* qui importe, et elle n'est point d'origine anglaise : elle vient de plus haut.

(1) Voir l'*Histoire des Unions chrétiennes de jeunes gens* (Genève, 1894), malheureusement très incomplète, et l'*Histoire des Unions chrétiennes de jeunes gens de la Suisse Romande* (Genève, 1902).

se sont constitués en Société. Ils étaient tous réunis chez Mercier. Là, on a lu les statuts que tu connais, et tous ceux qui les ont signés sont devenus membres de l'Union. Chaque membre alors a fait un récit, je ne dis pas de sa conversion, mais de la manière dont il avait été appelé à la vérité, et conduit depuis lors... L'union a dès lors poursuivi son double but, un but d'édification et un but missionnaire...

Quant à la correspondance, elle s'établit. Genève surtout nous écrit presque chaque mois Nous recevons également des nouvelles de Londres, la Force, Bergerac, Bar-le-Duc, Marseille, Saint-Sauvant, etc..., mais aucune de ces réunions ne sont constituées, si ce n'est Genève, qui fait seule partie de l'Union chrétienne, avec Paris, et bientôt aussi, je l'espère, Strasbourg.

Frédéric Monnier devait être un des membres les plus actifs de l'Union chrétienne de Paris. C'est à lui qu'on doit la première rédaction de cette « base de Paris » qui est devenue le statut des Unions de jeunes gens dans le monde entier (1).

Au retour de son voyage dans les Alpes, Adolphe Monod eut une entrevue décisive avec les jeunes gens qui se groupaient autour d'Henri Dunant. Edouard Monnier lui avait parlé de ses

(1) Le projet de Frédéric Monnier, rédigé sous l'inspiration de Daniel Le Grand, a été malheureusement défiguré par des amendements successifs. Il est regrettable, au point de vue de l'avenir de cette « base » déjà quelque peu démodée, qu'on n'en soit pas resté à la rédaction primitive.

amis, et le message spécial qu'il devait apporter à Genève s'était précisé au cours de ces entretiens. Or, quelques semaines après sa visite, le 24 novembre, Henri Dunant écrivait à son ami Edouard :

Je vous envoie les règlements de notre Union chrétienne, qui est formée et constituée à Genève. Nous avons été abondamment bénis de Dieu en toutes manière. Notre Union est homogène, vivante, nombreuse, riche ; le comité est formé des personnes que je désirais, et que je crois très propres à cette œuvre ; un véritable esprit d'affection chrétienne (ce qui existait peu à Genève) règne entre nous, et de partout on manifeste le désir de se joindre à nous.

Après Genève, Strasbourg. Il y avait là plusieurs groupements de jeunes gens chrétiens. Edouard Monnier s'efforça de constituer l'un d'eux en Union chrétienne, et il y parvint. Le 24 mars 1853, Max Perrot lui écrivait :

Nous espérons beaucoup de votre Union : elle pourra faire du bien à plusieurs étudiants qui, s'ils étaient isolés, ou sans relations intimes avec des amis orthodoxes, pourraient subir l'influence d'une vaine philosophie.

Il y a plus : en juillet, Edouard Monnier écrit à son ancien camarade Puyroche, qui habite Lyon, pour le presser de fonder une Union chrétienne, et Puyroche lui répond :

Le jour même où me parvint votre lettre, je reçus la visite de MM. Dunant et Perrot, qui venaient nous engager à fonder dans Lyon une Union de jeunes gens. Le doigt de Dieu était trop visible dans ce double appel fait le même jour, pour nous laisser la moindre hésitation. Six amis chrétiens, MM. Fermaud, Brouzet, Lafaurie, Cheyron, Chévrier et Puyroche, se mirent immédiatement à l'œuvre, et depuis lors nous avons continué de nous réunir le vendredi soir, de 8 à 10, et nous en sommes tous bien heureux... Je ne puis vous dire quelle atmosphère de paix et d'amour fraternel règne dans nos réunions. Sanctifiée et fortifiée par cette communion en face de Dieu, l'amitié devient bien plus profonde et plus précieuse.

Dès l'hiver de cette même année, un ami d'Henri Dunant, Castel, avait fondé une union chrétienne, qui groupa aussitôt seize étudiants en théologie, « la fleur de l'Ecole », écrivait Dunant, qui ajoutait : « Il en est de même à Genève : c'est la fleur des deux Ecoles qui s'est jointe à nous. »

Dunant envoyait des lettres et des circulaires « dans tous les coins de l'Europe ». Il était en rapport, dès le mois de février 1853, avec près de soixante-dix associations, auxquelles il expédiait des circulaires tous les trois mois.

Frédéric Monnier, de son côté, s'occupait activement de l'Union de Paris. En 1857, étant en séjour à Saint-Quentin, où son ancien précepteur, M. Guiral, était alors pasteur, il y fonda l'Union chrétienne, aujourd'hui florissante.

On peut dire que tout ce mouvement — et ce que nous en savons n'est sans doute qu'une faible partie de la réalité — dut son origine à l'entrevue de la Furka. Entrevue providentielle, s'il en fut. Dunant était en pleine activité ; l'Union de Paris existait déjà ; mais qui dira ce que l'Union de Paris, ce que Dunant lui-même durent à cette entrevue dans laquelle, de part et d'autre, on prit des résolutions d'activité et de consécration au règne de Dieu qui rappellent, toutes proportions gardées, le « vœu de Montmartre » d'Ignace et de ses compagnons ! N'y eût-il d'autres résultats concrets et certains que les Unions de Strasbourg, de Lyon, de Saint-Quentin, que ce serait encore, pour une promenade dans les Alpes, une assez jolie conséquence.

Edouard Monnier resta toute sa vie attaché aux Unions chrétiennes. Si, par la suite, il y mit moins d'ardeur, les souvenirs de sa jeunesse firent de lui un « unioniste » calme, mais fidèle. Toutefois, si Dunant se montrait préoccupé de répandre « l'unionisme », le cœur d'Edouard Monnier l'inclinait surtout du côté de l'évangélisation Trop absorbés l'un et l'autre par leur passion dominante, les deux amis virent leurs chemins se séparer. Mais Edouard Monnier garda toujours un souvenir ému de l'entrevue de la Furka.

On sait qu'Henri Dunant ne devait pas borner son ardeur à la fondation des Unions chrétiennes. Epris d'un rêve de paix et d'humanité, — n'était-ce pas toujours le même rêve, disons mieux, le même idéal? — il a consacré sa vie à la fondation de la Croix-Rouge : il y a attaché son nom. Le prix Nobel lui a été attribué comme à l'un des hommes qui ont le mieux servi, durant le siècle qui vient de finir, la cause de la paix. Avait-il été aussi question de ces choses, dans l'entrevue de la Furka ?

V

Quelle que fût, à l'égard d'Edouard Reuss, la déférence de son élève, il ne faut pas s'étonner si cette tournure d'esprit éminemment pratique, cette ardeur pour l'évangélisation, ce penchant marqué pour les conventicules et pour les réunions de prière, — si cet esprit de réveil, en un mot, offrait un certain contraste avec l'esprit de l'enseignement strasbourgeois.

Le contraste apparut à la fin des études, quand il fallut soutenir une thèse. Sur le conseil de son père, Edouard Monnier avait adopté ce sujet : *Essai sur la base du gouvernement de l'Eglise.* Son manuscrit, qui portait comme épigraphe : I *Cor.*, II, 14-15, débutait par ces mots :

Si le dogme se matérialise et se complique, comme cela a lieu, par exemple, dans l'Eglise romaine, l'idée de l'Eglise se matérialise en même temps ; si le dogme s'efface, comme cela a eu lieu à certaines époques dans l'Eglise protestante, l'idée de l'Eglise disparaît peu à peu également. La théorie devient esclave de la pratique ; elle est remplacée par l'adhésion donnée à une forme qui n'est que le produit de circonstances étrangères au christianisme... Si, l'idée de l'Eglise s'efface, le dogme perd immédiatement une grande partie de sa profondeur et de sa vie. Cela se voit surtout dans la doctrine du baptême et de la sainte Cène, qui perdent leur sens, quand l'Eglise n'est plus le corps de Christ.., l'assemblée de ceux qui ont obtenu le salut par la nouvelle naissance...

L'Eglise n'est pas un produit arbitraire de l'étude ou de la spéculation, elle est le produit spontané de la foi chrétienne reçue dans les cœurs. C'est là ce qui explique le peu de préceptes que l'on trouve dans le Nouveau Testament sur l'Eglise.

Notre base... sera la Bible, car c'est à elle qu'il faut s'adresser pour fonder la doctrine chrétienne, en se débarrassant de tout l'échafaudage des conceptions des théologiens. Ce n'est qu'en revenant à la profonde simplicité de l'Evangile, en s'y soumettant complètement, sans y mêler rien d'humain, qu'on peut progresser réellement.

En note, l'auteur ajoutait :

Quand nous parlons de l'Evangile, il est entendu que ce n'est pas d'une manière générale des principes chrétiens, mais de ces principes tels qu'ils nous sont donnés par le N. T. On a dit que la tradition orale avait, dans les premiers temps de l'Eglise, remplacé l'autorité du N. T., et que par conséquent cette autorité n'est pas nécessaire. Bien loin de là, c'est ce qui prouve sa nécessité absolue, tellement qu'on pourrait dire... que Jésus-Christ ne serait pas venu sur la terre, si le Nouveau Testament n'avait pas dû nous être donné ensuite. Car nous voyons les premiers écrivains de l'Eglise déjà tellement inférieurs, non seulement aux apôtres, mais même aux hommes qui plus tard ont été éclairés par la connaissance du N. T., que cela suffit pour montrer l'impuissance et l'inutilité de la tradition orale.

Toutes les doctrines humaines changent : l'Evangile seul est éternel.

Plus loin, il donnait du christianisme cette définition :

Le salut éternel acquis par la foi en Jésus-Christ, mort pour expier les péchés des hommes.

Suivait la définition de l'Eglise :

Nous parlons de la foi personnelle, et non de la formule qui l'exprime. Cette foi personnelle n'est pas une simple acceptation de l'intelligence, mais une vie nouvelle, résultat d'un changement profond qui atteint non l'intelligence ou le sentiment, ou la volonté seulement, mais l'âme tout entière... Nous ne pouvons donner le nom d'Eglise qu'à la société produite par cette foi. Quant aux sociétés religieuses qui sont basées sur d'autres principes, tels que : la soumission à une autorité humaine ; le baptême, ou même la simple adhésion à une confession de foi, nous reconnaissons que plusieurs d'entre elles ont un but louable, peuvent même concourir à la propagation de l'Evangile... mais à parler rigoureusement elles ne peuvent pas être appelées Eglises...

L'Eglise est la société des chrétiens.

On le voit : c'est le pur esprit de la dissidence, l'esprit des Eglises libres. De plus, il perce dans ces lignes une certaine protestation contre un enseignement historique qui diminuait, dans la formation de l'Eglise, le rôle du Nouveau Testament. Edouard Monnier était, décidément, en pleine réaction. Ses maîtres le sentirent, et ils en conçurent quelque dépit. Fermement attachés à l'Eglise officielle, les paradoxes d'Edouard Monnier leur semblaient la pire hérésie. Ils refusèrent la thèse, quoiqu'elle fût longuement réfléchie, et qu'elle fût, incontestablement, l'expression de la pensée de leur élève sur le sujet qui lui tenait le plus à cœur.

Ils écartèrent ce travail, non à cause de tel ou tel détail, mais au nom de leur hostilité « contre le principe que la foi doit servir de base à l'Eglise, et à tout ministère qui y est donné, que Jésus-Christ est seul chef de son Eglise et que tout autre pouvoir doit être combattu. »

Ce refus jeta Edouard Monnier dans un grand embarras. Que faire ? Renoncer à soutenir sa thèse, et se vouer à l'évangélisation, sans avoir terminé ses études ? Il y songea, mais son bon sens repoussait d'instinct cette solution. Faire un autre travail ?

c'était, à coup sûr, le parti le plus sensé. Cependant, il craignait de causer de la peine à son père, qui s'était montré si heureux du choix de son précédent travail. Il s'y résolut pourtant, mais il ne voulut point se mettre à l'œuvre sans avoir l'avis d'Adolphe Monod. Alors le grand prédicateur écrivit à son ami une lettre qu'il vaut la peine de transcrire intégralement. Elle est du 22 juillet 1853.

Edouard m'a demandé mon avis, mais en m'annonçant que son parti *était pris*. Cette raison n'est pas la principale qui m'a arrêté pour lui donner un conseil contraire à ses idées.

Mais il craignait, disait-il, en cédant, de ne pas montrer assez d'égard pour son père, dont les sentiments en cette matière sont connus.

Il y avait là un sentiment de conscience que j'ai craint de froisser, surtout manquant de renseignements précis.

Votre lettre me met à l'aise. Vous pensez sagement, noblement, simplement, sur la question qui vous est soumise, et je suis tout à fait de votre avis.

Que les professeurs aient tort ou raison de refuser une thèse, c'est l'affaire de leur conscience, celle d'Edouard est seulement intéressée dans *ce qu'il fera* en présence de ce refus.

Soutenir sur le même sujet d'autres sentiments, sans être persuadé qu'il ait erré, il ne le peut ; mais il n'y a rien de contraire à sa conscience à prendre *un autre sujet*.

En aurait-il le temps encore ? On ne se montrerait probablement pas fort exigeant après l'avoir jeté dans un tel embarras. Mais encore faut-il qu'il ait quelques matériaux prêts.

Il ne saurait être consacré sans diplôme. Il ne lui reste, à défaut de Strasbourg, que Montauban. Grand embarras, grande perte de temps et d'argent sans qu'aucun principe soit compromis quant à lui ; quant à ses professeurs, je le répète, c'est autre chose, mais cela ne saurait lui être imputé...

P.-S. Vous avez trois fois raison, sortons de l'Eglise établie, si Dieu nous y appelle, mais sortons par la grande porte, non par les petites.

Dans ces conditions, il n'y avait plus à hésiter. Edouard Monnier choisit comme sujet l'*Histoire de la Mission chrétienne au Groënland,* » qu'il dut expédier en quinze jours. Dure extrémité, et mince résultat. Mais, comme l'avait fait prévoir Adolphe Monod, la Faculté fut indulgente. D'ailleurs, cette modeste thèse ne fut pas inutile. Elle fut réimprimée plus tard comme traité par la Société de Toulouse ; et si elle n'ajouta pas grand'chose à la science des missions chrétiennes, elle fit du bien. On n'en saurait dire autant de toutes les thèses.

On trouve d'ailleurs dans ces quelques pages cet optimisme chrétien, cette foi en la faiblesse de Dieu plus forte que les hommes, qui devait être une si grande force dans la vie d'Edouard Monnier.

Il avait pris comme épigraphe une parole sur laquelle il aima toujours à s'appuyer : « Ne crains point, petit troupeau. » Et il avait trouvé moyen de faire allusion tout au moins aux principes ecclé-

siastiques qui lui étaient chers, et dont on lui avait
interdit l'exposition :

Le Seigneur a comparé son royaume à une semence
qui, petite d'abord, finit par devenir un grand arbre ;
et dans toute œuvre chrétienne doit se trouver ce caractère de faiblesse et de petitesse apparente au commencement, mais de puissance réelle par la foi en Celui
qui seul donne l'accroissement. L'histoire des missions
évangéliques est particulièrement propre à prouver ce
fait. Elles n'ont pas commencé d'une manière éclatante
aux yeux des hommes. Elles n'ont pas été soutenues
par les gouvernements terrestres et n'ont pas employé
les pompes d'un culte formaliste pour attirer les ido-
lâtres. Elles ont eu pour fondateurs des hommes
simples, n'ayant pour arme que la parole de leur Dieu
et n'annonçant que Jésus crucifié, non avec les
moyens qu'aurait pu leur conseiller la sagesse humaine, mais par la puissance du Saint-Esprit.

La thèse soutenue, il n'y avait plus qu'à se lancer
dans l'activité pratique. Edouard Monnier avait
attendu ce moment avec impatience. Il débutait
dans le ministère à vingt-trois ans, plein de force
et de confiance en Dieu. Cette carrière, si vaillamment commencée, devait se prolonger dans le
même esprit durant près d'un demi-siècle.

CHAPITRE III

PREMIERS TRAVAUX D'ÉVANGÉLISATION
LA FRIMBOLE — FRESNOY ET GROUGIS

I

Edouard Monnier fit de bonne heure ses débuts dans l'évangélisation. Il commençait sa dernière année d'études à Strasbourg, quand Daniel Le Grand l'invita à desservir l'église de la Frimbole.

La Frimbole, aujourd'hui Lascemborn, est un hameau situé dans la Lorraine annexée, tout près de la frontière, à l'orée des vastes forêts qui entourent le Donon. Le pays était alors presque entièrement catholique ; la communauté protestante était de fondation récente. C'était un Ban-de-la-Rochois nommé Werly, que M. Chevandier de Valdrôme, pair de France, avait pris à son service, en qualité de garde-chasse, qui y avait attiré quelques compatriotes. Par les soins de Daniel Le Grand, une école avait été ouverte ; et depuis quelques années, le pasteur de Sarrebourg célébrait dans le « poële d'école » un culte, où se rendaient les protestants disséminés à Cirey, au Blanc-Rupt, à Bertrambois, à Saint-Quirin, à des lieues de distance dans la montagne. Malheureusement, la présence du pasteur était plutôt intermittente ; et les pauvres paroissiens trouvaient fréquemment une déception au bout de leur long voyage. Pour atténuer les effets de cette irrégularité, Daniel Le Grand faisait appel au concours des étudiants en théologie. Edouard Monnier accepta de se rendre une fois par mois à la Frimbole, et il tint scrupuleusement sa promesse.

Il y avait quelque mérite à la tenir. Pour se rendre à la Frimbole, il fallait partir de Strasbourg le samedi à quatre heures de l'après-midi, et se rendre en chemin de fer à Avricourt, où l'on n'arrivait qu'à huit heures. On prenait ensuite l'omnibus, et on était à dix heures à Cirey, où il fallait coucher. De là, il restait encore une lieue à faire pour atteindre la Frimbole. Si l'on voulait revenir par le Ban-de-la-Roche — Edouard Monnier affectionnait cet itinéraire — il fallait descendre à Raon-sur-Plaine, gravir le Donon, redescendre à Schirmeck, de là gagner Rothau, et enfin Fouday : au total, trente kilomètres de chemins montueux, dans des forêts, où il était facile de s'égarer. Un jour, Edouard Monnier fut pris par la neige, comme il se trouvait encore en pleine montagne. Il continua sa route péniblement. Après plusieurs heures d'efforts, il se croyait arrivé, lorsqu'il

reconnut une petite fontaine qu'il avait remarquée
le matin. Il n'avait fait que tourner sur lui-même
dans la forêt. La nuit tombait. A cette heure tardive,
accablé de fatigue, n'ayant aucun moyen de reconnaître sa direction, il eût certainement péri dans
les neiges, sans l'arrivée inopinée d'une escouade
de bûcherons avec des chars et des lanternes.

Les retours de la Frimbole ne furent pas toujours aussi dramatiques; mais ils furent souvent
pénibles. Ajoutons qu'Edouard Monnier préparait
très soigneusement ses prédications — ses premières
prédications! Il avait un sentiment très vif de sa
responsabilité, et il mettait tout son cœur à cette
tâche quelque peu ingrate. Ses courses à la Frimbole lui furent un apprentissage très sérieux pour
le ministère d'évangéliste qu'il devait exercer
durant plus de quarante ans.

II

Au sortir de la Faculté, son cœur se trouvait
attiré à la fois dans plusieurs directions diffé-
rentes. Le désir de sa mère avait été de le voir
débuter dans le ministère sous la direction d'A-
dolphe Monod ou plutôt de Louis Meyer, et il avait
un penchant pour cette solution. D'autre part, on
lui parlait d'un poste vacant chez les Vaudois du

Dauphiné, dans ces Eglises pauvres des hautes vallées alpestres, glorieuses par le souvenir de Félix Neff; puis d'un poste d'Algérie, où il y avait une grande activité à exercer parmi les disséminés; enfin, M. Guiral, pasteur à Saint-Quentin, et ami de la famille Monnier, l'avait entrepris sur Fresnoy-le-Grand, qui était un poste d'évangélisation récemment fondé. D'un côté, le ministère dans les montagnes avec ses difficultés; de l'autre, la visite des disséminés; du troisième, l'évangélisation proprement dite. Edouard Monnier aimait la montagne; l'Algérie avait à ses yeux le prestige de l'inconnu; ce fut l'évangélisation qui l'emporta.

Les arguments de M. Guiral avaient du poids.

Je comprends, écrivait-il, ton désir de te former à la prédication et à la vie pastorale, en te plaçant sous la direction de frères distingués et expérimentés comme M. Adolphe Monod et M. Meyer. Toutefois, je ne sais si les jeunes chrétiens que le Seigneur appelle à son service font bien de reculer trop loin l'époque de leur entrée dans la lice... Les besoins nous débordent de toute part. D'ailleurs, le soldat se forme et se mûrit peut-être mieux dans les camps, en combattant l'ennemi.

Mais dans ces considérations ne se trouve point la raison pour laquelle je crois que tu feras bien de consacrer au moins quelques mois à la Société du Nord, pour l'œuvre si importante de Fresnoy... Il faut un homme qui ait l'esprit missionnaire, qui soit bien résolu à attaquer courageusement le catholicisme sur ses propres terres... Or, les pasteurs de Suisse que nous pourrions trouver pour cette œuvre, ou les jeunes gens du Midi, ayant vécu dans des pays protestants, ne peuvent pas se faire une idée juste de l'état moral des populations où règne le catholicisme.

... Si nous n'avons personne pour occuper ce poste provisoirement, ce sera un très grand malheur, et peut-être, humainement parlant, la ruine d'une œuvre si belle. C'est pourquoi j'ai pensé, mon cher Edouard, que ce poste te conviendrait parfaitement pour faire tes premières armes... C'est un service immense que tu es appelé à rendre, au commencement de ton ministère... Je crois devant Dieu... qu'il y a devoir pour toi à accepter *cette mission provisoire.*

C'était une carte forcée : Edouard Monnier l'accepta, et n'en eut point de regret.

En fait d'attraits, le poste de Fresnoy n'en possédait guère qu'un, mais qui était le plus propre à enflammer le cœur d'Edouard Monnier. Il passait pour dangereux. Le pasteur précédent avait été roué de coups et menacé de mort par des fanatiques. Il fallait, pour tenir tête à cette opposition, un homme qui n'eût pas froid aux yeux. Edouard Monnier se sentit naturellement attiré vers ce poste de combat.

Fresnoy-le-Grand est situé à trois lieues de Saint-Quentin. De ce temps-là, on ne communiquait avec la ville que par un service de voitures publiques. L'église la plus rapprochée était celle de

Nauroy, mais qui se trouvait hors de la route :
pour y atteindre commodément, il fallait passer
par Saint-Quentin. Il n'y avait pas moins de quatre
lieux de culte à desservir : Fresnoy d'abord, qui
était pourvu d'un temple et de deux écoles ; puis
à une lieue de distance, Bohain, où un culte allait
s'ouvrir. A la même distance, Fonsomme, où l'on
faisait le culte à trente ou quarante protestants
dans une chambre ; enfin, à sept kilomètres, Fieulaine. C'était de quoi occuper l'activité d'Edouard
Monnier.

Il abordait la tâche sans trop d'optimisme,
défiant de lui-même, et n'ayant guère de confiance
aux autres.

J'aurais bien des choses à vous demander, écrivait-il
à M. Guiral, sur l'état spirituel des protestants de Fresnoy... mais je le verrai bien quand j'y serai. Je vous
avoue que je n'ai pas grande confiance en eux. Je ne
sais si c'est à tort ou à raison, mais je crains qu'il n'y
ait bien peu de conversions réelles parmi eux. Je suis
aussi un peu inquiet pour moi : je crains de ne pas
répondre aux besoins de cet endroit, car ma prédication,
autant que je puis en juger, manque de force et de chaleur. Mais j'espère que le Seigneur me donnera de lui
demander ce dont j'aurai besoin, et je sens que j'irai
avec un certain courage.

Ce jeune homme de vingt-trois ans, et qui n'en
portait pas plus de vingt, tant il avait le teint

frais (1), débarqua donc un soir à Fresnoy. Une méchante carriole l'avait amené de Saint-Quentin. On lui indiqua son logement, une maison d'apparence mélancolique, située en face du cimetière. Le conducteur déchargea à la porte une grande caisse, qui contenait les meubles du nouveau pasteur ; puis il s'en retourna à Saint-Quentin.

Edouard Monnier restait seul, à la nuit tombante, dans ce village inconnu. C'était l'automne, — l'automne du Nord. On peut se figurer au milieu de quelle boue et de quelle brume débuta ce séjour à Fresnoy.

Il fallut ouvrir la caisse et mettre en position le petit mobilier. Ce n'était pas un mince travail. Heureusement, l'instituteur M. Courtois arriva à la rescousse. C'était un homme excellent, dont le bon sourire et la cordiale bienvenue réchauffèrent le jeune pasteur. On se mit à l'œuvre. Tout alla bien, jusqu'au lit exclusivement. Quand il fallut monter ce meuble compliqué, Edouard Monnier, qui tombait de sommeil, échoua. Après plusieurs vaines tentatives, il se coucha sur le parquet et s'endormit à poings fermés.

Le presbytère de Fresnoy ne rappelait que de très loin la Malgrange. On y pénétrait par la cuisine. Ensuite venait une salle à manger si froide et si humide, qu'elle ne pouvait servir que l'été. Elle

____

(1) Les gens de Fresnoy l'appelèrent « *ch'tiol joigneau* » (littéralement : le petit jouvenceau).

donnait sur une chambre dont les murs étaient
revêtus d'une tapisserie à raies blanches, avec des
arabesques amarante. Cette pièce était destinée à
servir de bureau, de bibliothèque, de salon, de salle
de réception, et il s'y trouvait une trappe par
laquelle on pénétrait dans la cave.

Par un escalier en partie extérieur, on accédait
à la chambre à coucher, où il y avait toujours plusieurs millimètres de moisissure. Sur le même
palier, se trouvait une chambre d'amis qui était
suffisamment saine. Un second escalier conduisait
aux mansardes, qui n'avaient rien de confortable,
jusqu'au jour où Edouard Monnier et son frère
Frédéric les tapissèrent avec du papier gris, pour
recevoir des hôtes de distinction. Le tout était
complété par un petit jardinet d'aspect fort triste,
où se dressait une construction délabrée de style
moresque.

Fresnoy-le-Grand était en ce temps-là un village
assez prospère, l'industrie des châles étant à son
apogée. La population y était en majorité bien
disposée pour le protestantisme, mais l'opposition
était acharnée. Edouard Monnier fit une propagande vigoureuse. Il fut aidé dans cette besogne par
un ancien prêtre, M. Chottin, pour lequel il s'était
pris d'une vive admiration, et qu'il avait invité à
partager son logis. La manière de M. Chottin était
caractérisée par ce défaut absolu de respect pour
le catholicisme qui est l'attribut distinctif du prêtre défroqué, augmenté, dans le cas particulier de

M. Chottin, d'une forte pointe d'originalité. Le brave homme avait dans son sac tout un répertoire d'historiettes qui ravissaient le public de Fresnoy. M. Monnier, voyant le succès de M. Chottin, s'efforça d'adopter les mêmes méthodes. Mais il n'avait pas — il faut l'en louer — la virtuosité de son modèle, et ce tour de main qui faisait tout admettre. Dans une conférence qu'il fit à Esquéhéries, au milieu d'un pays fort catholique, il sortit certaine histoire de M. Chottin, un peu trop irrévérencieuse pour être contée ici.

Les paysans d'Esquéhéries n'avaient point les mêmes goûts que les tisseurs de Fresnoy. L'histoire leur déplut. On dénonça le conférencier au comte Caffarelli, gros bonnet de la contrée, qui appela sur lui les foudres préfectorales. L'affaire pouvait être grosse de conséquences : Edouard Monnier encourait la destitution et l'emprisonnement.

Le président du consistoire, M. Guiral, était un homme subtil. Mandé par le préfet, il lui glissa, au cours de l'entretien, une allusion discrète à certaine parenté du délinquant avec le prince de la Moskowa, Edgar Ney (lequel était, comme on sait, l'ami intime de l'Empereur), et avec le ministre de l'Intérieur lui-même, M. de Persigny. Le préfet résolut d'étouffer l'affaire ; elle finit... par une réprimande que le consistoire fut prié d'adresser au coupable, et dont il s'acquitta avec une bienveillance toute paternelle.

L'aventure d'Esquéhéries ne découragea pas le zèle belliqueux d'Edouard Monnier. Avec une ardeur toute juvénile, il continua de foncer sur « l'Ennemi », distribuant force brochures de controverse, notamment celles de Napoléon Roussel, qui est demeuré un maître du genre, sans oublier le *Manuel* de son excellent ami Chottin. Bien que ces distributions se fissent discrètement, le public de Fresnoy, qui était très amateur de cette littérature, ébruita la chose. On sut dans le pays qu'il sortait du presbytère de Fresnoy une quantité de livres, qui circulaient ensuite largement dans la population. La police, soupçonnant un commerce illicite de librairie, fit une descente au presbytère. Edouard Monnier était absent ; mais il y avait là son collègue M. Levasseur, auquel nous devons la narration circonstanciée de l'aventure :

C'était hier mercredi, vers 5 heures de l'après-midi. Je copiais tranquillement un beau cantique de Malan... On frappait à la porte depuis un moment ; je n'y faisais pas attention. Henriette, qui était en haut,... regarde par la fenêtre, et voit deux messieurs et deux gendarmes... La pauvre fille descend, toute tremblante... Elle ouvre : on lui demande si M. Monnier est chez lui. Elle répond qu'il est en voyage, mais que son collègue, M. Levasseur, est précisément là pour le remplacer. On demande à me parler. J'entre dans la salle à manger, et j'aperçois le juge de paix de Bohain, son greffier et deux gendarmes... Je pensai d'abord qu'on me venait arrêter pour certaines vieilleries du temps passé ;

et je me frottais déjà les mains, en échafaudant subito
dans ma pensée un système de défense où... j'aurais
éreinté à plat le papisme et les curés. Mais aussitôt, le
juge de paix, avec beaucoup de politesses, m'apprend
qu'il a l'ordre d'opérer une saisie de livres chez M. le
Pasteur Monnier. Je priai ces messieurs d'entrer au
salon, et je leur offris des sièges, pendant que je me
disais intérieurement : « Bon ! nous y voilà ! Oh ! les
pauvres Roussel ! Mais si c'est à eux qu'on en veut, alors
Edouard va avoir un procès comme détenteur et distri-
buteur de brochures interdites... Si Edouard va devant
le tribunal, il n'ira pas seul. J'ai aussi des Roussel :
je vais me trahir exprès moi-même, et nous irons à
deux. Le papisme passera par nos mains, et bien adroit
sera-t-il s'il sort de nos plaidoiries sans être écorché
jusqu'au sang et rompu de quelques membres. » Cependant le juge de paix sort un papier de son portefeuille,
et me lit... une commission rogatoire en vertu de
laquelle il doit procéder à la saisie d'un livre intitulé
Manuel des aspirants à la Réforme, par Chottin, pasteur... Je vis aussitôt ce que j'avais à faire, et envoyai
mon second plan rejoindre le premier. J'en mis à exécution un troisième, dans lequel le Seigneur me dirigea,
car si nous devons combattre vaillamment dans la
bataille, il nous est défendu de rechercher le péril pour
le plaisir de nous y débattre... Pour sauver le navire,
je jetai la cargaison à la mer. Puisque les Roussel
n'étaient pas en cause,... il fallait éviter qu'on les aper-
çût, crainte de pire ; pour cela, il fallait livrer les Chottin. C'est ce que je fis... Le juge de paix termina là sa
mission, et ne fit point d'autre recherche. Ces messieurs
reprirent tranquillement le chemin de Bohain, empor-

tant les 27 malheureux Chottin. Je dois rendre témoignage à leur politesse et à la convenance de toutes leurs manières.

Quant aux Roussel, sois sans inquiétude, ils ne sont plus chez toi. J'ai fait, moi, une visite perquisitoire, en compagnie d'Henriette en façon de gendarme ; j'ai empoigné ces scélérats de Roussel, je les ai garrottés et mis à l'ombre, en attendant ton retour. Alors nous les jugerons sévèrement. Nous déciderons sur leur sort, sans pitié. Dès maintenant, je pense que nous devrons les condamner à aller se promener de ci, de là, à la piste des noirs, en leur souhaitant de bien démasquer ces derniers. Le tout, à leurs risques et périls ; car lesdits noirs ont des griffes et des dents... Ils seront traqués, ces abominables Roussel. D'autant plus, qu'ils font complot avec un certain Chottin, échappé au massacre dont ses frères ont été victimes ; et que — circonstance aggravante — c'est dans la chambre de l'innocent pasteur de Grougis que ces trouble-Israël conspirent.

À ce moment, l'exemple et les préceptes de M. Chottin régnaient encore sur l'esprit d'Edouard Monnier. Mais cette phase dura peu.

Devenu pasteur à Quincy-Ségy, M. Chottin continua durant de longues années à bombarder son ancien compagnon d'armes de circulaires dont l'étrangeté allait croissant. Il y célébrait la douceur de vivre « en la société du Dieu de Jésus de Nazareth. » — « Enivrante poésie de l'âme ! s'écriait-il. Bain turc ! petit paradis ! »

En lisant ces élucubrations, Edouard Monnier s'étonna sans doute, à part lui, d'avoir subi jadis l'influence de M. Chottin. Mais il ne le dit guère, car il éprouvait trop de peine à renier les amitiés et les enthousiasmes de sa jeunesse.

Sous ces façons belliqueuses, qui prêtent au sourire, et qui même étonnent un peu, il y avait chez les pasteurs d'alors quelque chose de grand, qui rappelle, toutes proportions gardées, cette soif du martyre qui caractérisait l'Eglise des premiers siècles. Il fallait alors un singulier courage pour combattre le cléricalisme. C'étaient les temps héroïques de l'évangélisation.

Notre plus grande joie, écrivait un des collaborateurs d'Edouard Monnier, eût été de pouvoir un jour passer quelque temps en prison pour la sainte cause de l'Evangile.

Et ce même collaborateur qui était aussi un de ses amis de Strasbourg, M. Haas, ajoutait avec émotion, en parlant de son ami :

Nous étions tous entraînés par son exemple, allant de maison en maison, entrant dans toutes les portes que le Seigneur nous montrait ouvertes..., nous n'avions qu'une préoccupation, celle de faire l'œuvre de Dieu dans les trains, dans les gares, partout en un mot. Quand nous paraissions sur l'estrade, lors des anniversaires de la Société du Nord, la marque blanche des routes et certains détails de tenue prouvaient bien que nos soucis étaient ailleurs, et jusqu'au dernier moment, qu'à la figure que nous ferions devant un auditoire sympathique et gagné d'avance à notre cause.

III

Le plus beau fruit de cette activité apostolique fut la fondation de l'Eglise de Grougis.

Grougis était alors un village important, grâce à l'industrie des châles. Il y avait des relations fréquentes entre Grougis et Fresnoy, distants seulement de dix kilomètres. Quelques ouvriers de Grougis, originaires de Fresnoy, avaient eu l'occasion d'entendre l'Evangile à divers enterrements. Ils avaient invité le pasteur de Fresnoy à venir les voir. Edouard Monnier se mit donc en route un beau jour. Il commença par aller voir un « philosophe » dont on lui avait parlé, qui demeurait sur le chemin. Il le trouva bêchant ses pommes de terre. Dès les premiers mots, l'autre l'interrompit : « Il faut bien croire à un Etre suprême : j'ai lu que les éléphants se tournent vers le soleil levant. » On n'en put tirer autre chose. Cependant, il s'offrit à accompagner « le ministre » à Grougis. Là, Edouard Monnier fut très surpris de trouver la plupart des chefs de famille de l'endroit, qui l'attendaient, rassemblés dans un cabaret (il n'y a pas,

comme on sait, d'autres salles de réunion dans le
Nord). Il fallut subir un feu roulant de questions.
On lui demandait « si Jésus-Christ était plus grand
que Cabet ». Edouard Monnier eut fort à faire pour
établir ce parallèle imprévu, et pour démontrer,
tout en rendant pleine justice aux intentions de
l'auteur de *Mon voyage en Icarie*, que Jésus-Christ
était encore plus grand que Cabet.

Mais il ne se découragea pas. Ainsi qu'on l'a dit,
« il avait dans le cœur des provisions de confiance
et d'enthousiasme persévérant ». A la suite de cet
entretien — la chose est à peine croyable — *deux
cents* chefs de famille signèrent une adresse dans
laquelle ils déclaraient adhérer au protestantisme
et réclamer le ministère du pasteur. Naturellement,
à la suite de cette poussée d'enthousiasme, il y eut
des remous : beaucoup firent défection ; mais d'autres les remplacèrent.

Les causes de ce succès, presque unique dans
les annales de l'évangélisation du Nord, ne doivent
pas être cherchées uniquement dans les aptitudes
du missionnaire. Le milieu était favorable. L'ouvrier de Grougis était, dans une certaine mesure,
un ouvrier d'art. Il gagnait gros, et par un travail
intelligent. Il fabriquait les châles connus sous le
nom de cachemires français, qui imitaient les cachemires de l'Inde. C'était la grande mode en ce
temps-là. L'ouvrier qui confectionnait les cachemires gagnait aisément dix francs par jour. Il
était son propre maître, puisqu'il travaillait sur

commande, et à domicile. L'atelier familial, dont il
est de mode, dans les milieux socialistes, de beaucoup médire, a été utile, dans bien des cas, à la
formation de la personnalité. Un grand nombre de
travailleurs ont dû à ce mode de production leur
indépendance d'esprit. Les tisseurs de Grougis,
qui rappelaient par beaucoup de côtés leurs frères
les canuts de la Croix-Rousse, étaient fiers, om-
brageux, jaloux, de leur liberté ; ils avaient conscience de leur dignité : ils aimaient mieux manger
du pain sec que de travailler au-dessous d'un certain prix (1). Ils lisaient tant qu'ils pouvaient ; et,
naturellement, ils s'étaient imprégnés des rêveries
humanitaires de 48. Ils étaient socialistes, à la façon
utopique des Fourier et des Cabet. Ils n'avaient
pas d'autre religion, ayant horreur de l'Eglise, qui
leur faisait l'effet d'une école de servitude. Leur
socialisme était très superficiel, étant plaqué sur
un individualisme intraitable. Ils virent dans
l'Evangile, tel que l'annonçait Edouard Monnier,
une religion de liberté, et comme, au fond, ils avaient
l'âme religieuse, ils acceptèrent l'Evangile. La
communion directe avec Dieu, le sacerdoce universel, la Bible remplaçant le prêtre et émancipant

-----

(1) Ce trait de caractère devait les perdre. Quand l'industrie des châles fut tombée, ils refusèrent obstinément
de travailler à six francs par jour : dès lors, on ne leur
offrit plus de travail, et aujourd'hui, ceux qui restent
s'estiment heureux de gagner quarante sous.

l'homme de toute servitude terrestre, voilà sans doute ce qui les attirait. Certains ne voyaient dans le protestantisme que la négation du catholicisme, et, en somme, une forme de la libre-pensée. Ceux-là se détrompèrent vite. Ils ne tardèrent pas à faire défection. L'un d'eux déclarait par tout le village que « les protestants étaient encore pires que les catholiques ». Et comme on lui demandait ses raisons, il répondit : « Ils croient encore bien plus en Dieu ! »

Il n'y avait pas à regretter de telles recrues. La petite communauté se tassait, mais elle s'organisait aussi. Chaque visite du pasteur amenait un nouveau progrès dans la connaissance de l'Evangile. Malheureusement, la loi interdisait les réunions religieuses. Mais Edouard Monnier, qui avait l'esprit inventif, tournait la loi. Elle autorisait les protestants à se réunir pour célébrer des *actes de culte* (baptèmes, mariages, enterrements). Edouard Monnier s'arrangeait pour célébrer un baptème à chaque réunion. Dès lors, personne n'y pouvait trouver à redire.

Ces baptèmes donnaient lieu à des surprises. En haine du cléricalisme, les tisserands de Grougis donnaient parfois à leurs enfants les noms des Dieux de la mythologie antique, dont ils avaient vaguement entendu parler. Tout l'Olympe y passait. Un jour, Edouard Monnier dut, à sa grande stupeur, baptiser une petite Junon.

L'opposition n'était pas désarmée. La première

fois que le pasteur de Fresnoy fut appelé à Grougis
pour un service funèbre, — c'était l'enterrement
de l'enfant d'un prosélyte, — une cabale se forma
dans le village pour l'empêcher de célébrer la
cérémonie. On complota même de lui faire un
mauvais parti. Les parents, tremblants de peur,
parlaient de remettre l'enterrement à la nuit, ou de
filer le long des haies. Edouard Monnier leur rendit
du courage, et prit sur lui de faire passer le cortège par la grande route qui traverse le village.
Une foule menaçante leur barra le passage. Ces
gens tenaient à la main des pierres et des briques,
destinées à lapider le pasteur. Des huées s'élevaient déjà, et des cris de mort. Edouard Monnier
fit déposer la bière en travers du chemin, et haran-
gua la foule. Celle-ci, bientôt subjuguée par son
attitude calme, par son regard dominateur, par
l'autorité de sa parole et de son geste, s'apaisa ; on
applaudit ses paroles, et quand il se remit en route,
tout le monde le suivit au cimetière, où il put
adresser de nouveaux appels, qui furent suivis de
plusieurs conversions. Dès lors, l'opposition se
tint pour battue.

Le dimanche, la jeune communauté se réunis-
sait dans les granges ; et là, on célébrait le culte.
Edouard Monnier résolut d'apprendre des cantiques à ses nouveaux paroissiens. Mais ce n'était
pas une sinécure. Il fallait d'abord leur faire répéter, mot par mot, les paroles; puis leur graver
dans l'esprit les airs. Comment Edouard Monnier

y parvint-il ? C'est un miracle, car il était fort loin
d'être musicien. A force de volonté, néanmoins, il
y parvint; et toute sa vie, lui qui était incapable
de chanter un cantique jusqu'au bout, il conserva
le don d'entonner, ce qui suffisait d'ailleurs à entraîner les assemblées.

Cependant, les granges étaient décidément insuffisantes. Il fallut se décider à bâtir, d'autant qu'on
ne pouvait organiser un culte régulier, qui risquait
à tout instant d'être interdit. Il fallait un temple
pour mettre le culte à l'abri des rigueurs de l'administration impériale. Impitoyable envers la
propagande, elle s'inclinait en général devant le
fait accompli. Edouard Monnier s'occupa donc de
ramasser l'argent nécessaire, empruntant d'une
main, collectant de l'autre ; et il éleva son premier
temple, qui devait être suivi de tant d'autres. Il
en avait dessiné lui-même le plan. C'était un édifice très simple, en briques posées sur le côté
étroit, avec des contreforts pour soutenir la toi-
ture.

Mais quand le moment fut venu de consacrer
le temple à sa destination, le Préfet répondit par
un veto. Alors onze pasteurs en robe se rencontrèrent à Grougis, et inaugurèrent le culte. L'administration hésita à sévir contre tant de monde.
La cause fut gagnée. Edouard Monnier avait été le
chef de file de cette courageuse entreprise.

Tous les dimanches, après ses services de Fresnoy, il partait pour Grougis. Il y célébrait le culte,

après quoi il faisait des visites, et s'en revenait le soir au presbytère. Il lui arriva, en ce temps-là, de prêcher cinq fois par dimanche, ayant à desservir Fonsomme, Fieulaine et Bohain. Il était toujours en route, et par tous les temps, sur ces chemins de traverse que recouvre, hiver comme été, la boue noire et gluante du Nord. Une nuit, en revenant d'une réunion qu'il avait été tenir à Grougis, il entra dans une fondrière qui occupait une bonne partie du chemin, et il faillit y périr.

A Grougis, on commençait par faire des protestants, puis on les initiait à la vie chrétienne. Plus tard, l'ordre devait s'intervertir dans la pensée d'Edouard Monnier, qui désira avant tout faire des chrétiens, et en second lieu seulement des protestants. La méthode changea, le but resta le même ; et la même foi servit d'inspiratrice.

Avec M. Haas, la physionomie de l'Église de Grougis devait se modifier. M. Haas n'était pas au diapason des bons révolutionnaires de l'endroit : à tort ou à raison, il passait pour bonapartiste, et ce soupçon devait suffire à écarter du temple bon nombre de chefs de famille. Mais ce que l'Eglise perdit en surface, elle le gagna en vie intérieure.

M. Haas s'occupait exclusivement de cure d'âmes, et avec une belle ardeur. Il était aidé par un instituteur qui allait de maison en maison donner aux enfants des leçons, car la loi interdisait tout groupement scolaire : elle ne permettait que les leçons particulières. Cependant, on finit par obtenir l'autorisation d'ouvrir des écoles, qui furent une véritable pépinière d'âmes pendant de longues années. Quand M. et madame Monnier revinrent de Belleville pour visiter leur ancienne paroisse, ils trouvèrent le temple comble ; et cet auditoire, formé depuis si peu d'années, chantait les cantiques en parties, avec un entrain admirable.

Dans la suite, l'Eglise de Grougis fut appauvrie et dépeuplée par la crise qui fit succomber l'industrie des châles. Beaucoup de tisseurs partirent ; ceux qui restèrent étaient en général les moins énergiques et les moins doués. Aujourd'hui, après avoir possédé pendant de longues années un pasteur et des écoles, Grougis n'est plus qu'une annexe en voie de s'éteindre. Mais les conversions qui se sont opérées dans ce village ont porté leurs fruits. Des pasteurs excellents sont sortis de Grougis ; et les meilleurs éléments de l'Eglise, mêlés aux communautés des villes, très particulièrement à celle de Saint-Quentin, y ont été des ferments de vie.

Dès l'automne, l'œuvre de Grougis était devenue épuisante, et réclamait un temple.

D'autre part, un mouvement s'était produit à Fieulaine, qui semblait assez considérable pour nécessiter également la construction d'un temple. Il fallait collecter, et comme Edouard Monnier n'en avait guère le temps, emprunter. Tout cela demandait force démarches et donnait force inquiétudes. Puis, il fallait lutter sans relâche, pour garder le terrain conquis ; il fallait aller incessamment de village en village et de maison en maison. Edouard Monnier se dépensait, sans compter, à cette besogne. M. Chottin lui écrivait : « M. Vernes s'est beaucoup informé de vous auprès de moi. Je lui ai dit que vous étiez un intrépide, et qu'à vous seul, vous feriez plus d'ouvrage que tous les autres pasteurs du Nord. »

Si grandes que fussent les forces d'Edouard Monnier, il en atteignait les limites. Il demandait avec instances qu'on lui envoyât du renfort : seul, il se sentait en détresse.

Occupe-toi un peu de moi à Paris, si tu peux, écrivait-il à son père. Ce dont j'ai surtout envie, c'est de trouver quelqu'un qui soit capable de m'aider et de prêcher un peu. Je n'en puis plus. Je suis accablé de fatigue matérielle et surtout spirituelle, car j'ai à faire, deux ou trois fois autant que quand tu es venu ici. Il me faut absolument un aide... Je crois que la personne la plus capable de donner là-dessus un conseil pourrait bien être M. Napoléon Roussel, qui connaît une multitude d'évangélistes. Va le voir, s'il te plaît, et demande-lui en même temps s'il ne connaît aucun moyen de se procurer de ses traités, car on ne peut plus les avoir par la librairie... Viens me voir, je t'en prie, et occupe-toi de ces deux choses, car si je n'ai personne, je ne sais pas ce que je deviendrai. Je n'y puis plus résister... A Paris, on pourrait peut-être trouver un jeune homme, qui serait rapidement formé, car c'est l'œuvre qui fait l'ouvrier, et je crois qu'il s'en trouve peu d'aussi bonnes pour former quelqu'un que la mienne.

Dans une autre lettre, il annonçait son intention de se placer à Grougis. « Ici, disait-il, on est trop loin, d'autant plus qu'il faut traverser, pour y aller, des villages hostiles, où l'on risque chaque fois d'être insulté. » A Fresnoy, il fallait, selon lui, un pasteur marié, pour consolider l'œuvre. Et il ne savait plus à qui s'adresser ! Aussi avait-il, lui, l'homme énergique par excellence, un penchant à la mélancolie, auquel il risquait de succomber, et dont nous trouvons des traces jusque dans les lettres que, des mois plus tard, il écrivait à sa fiancée : « J'ai de la peine, lui disait-il, à croire ce que j'espère, et je suis toujours étonné quand il m'arrive quelque chose d'heureux. »

A ses supplications, Louis Meyer répondait :

Des ouvriers ! des ouvriers ! c'est là le grand besoin et la grande misère de notre temps ! Puisse-t-il se trouver des hommes selon le cœur de Dieu, qui se mettent énergiquement, dans la foi, à l'œuvre pour former des ouvriers ! puisse-t-il s'en trouver en attendant qui aient la foi pour prier dans ce but !

... Je ne vois pas ici d'homme tel que vous le désirez. Cherchons. Mais prenez garde en attendant de ne pas vous épuiser. Je ne vous dis pas de travailler moins, mais si, comme vous me le dites, et comme je le comprends si bien, vous vous épuisez ; si par la prière, par la lecture de la Bible, par l'étude même, vous ne nourrissez pas votre homme intérieur, vous tomberez. Non seulement vous travaillerez en vain, parce que, tout en produisant du mouvement, vous ne ferez pas l'œuvre vivante et durable du Saint-Esprit ; mais aussi vous vous exténuerez, et vous vous exposerez ainsi à d'amers retours. Vous voyez, cher ami, je suis toujours le même. Je vous dis tout. Mais je suis sûr que cela vous est bien venu. Oh ! que je voudrais pouvoir vous aider ! et que je serais content de pouvoir bientôt vous envoyer quelque bonne nouvelle !

De son côté, M. Chottin encourageait son ami. Ses encouragements étaient, à vrai dire, d'une espèce assez particulière :

Ma femme me dit quelquefois en parlant de toi : Le pauvre garçon, on le fera mourir ! C'est vrai, tu te donnes beaucoup de peine, il faut en convenir, mais qu'est-ce que cette vie de vingt-quatre heures ? Ne ménage pas la calotte !

Le renfort tant désiré arriva enfin, sous les espèces de M. Levasseur, qui fut le premier pasteur de Grougis.

Cependant, Edouard Monnier sentait que le moment était venu d'associer une compagne à ses travaux, dont le champ, à Fresnoy même, s'étendait sans cesse. Il épousa une fille de son vénérable ami, Daniel Le Grand. Ils passèrent ensemble plus d'une année à Fresnoy, dans un labeur incessant. Edouard Monnier aimait à dire de sa femme : « C'est mon suffragant. » La tâche spéciale de madame Monnier consistait à apprendre à lire aux adultes, qui étaient alors fort illettrés.

Transplantée de son cher Ban-de-la-Roche dans ce pays triste et plat, madame Monnier dut éprouver parfois quelque mélancolie. Son fiancé l'avait prévenue : « La vie que nous aurons à Fresnoy, lui avait-il écrit, sera toujours une vie de renoncement, et il faut en prendre notre parti avec joie. » C'est ce que fit madame Monnier. Mais sans doute, le regret de ses montagnes natales dut percer quelquefois dans ses entretiens.

Un collègue excentrique profita d'une absence de quelques jours qu'elle avait faite pour amasser dans un coin du jardin un tas de terre, qu'il baptisa du nom de montagne, et sur lequel il mit une chaise. « Cela vous rappellera votre pays, » dit-il à la jeune femme quand elle revint. Heureusement, la pratique du ministère réservait des compensations plus efficaces. Il y avait, dans cette population de Fresnoy, d'admirables chrétiennes, qui ont gardé toute leur vie l'empreinte de l'influence fortifiante, saine, profondément évangélique de la prédication d'Edouard Monnier.

Ce court ministère, — il ne dura que deux ans, — a laissé de profondes traces, malgré la crise industrielle qui a dépeuplé ces églises jadis florissantes. Sans doute, il y a eu des déceptions : des poussées d'enthousiasme suivies d'un abandon subit et irrémédiable, comme à Fieulaine, où la misère était trop grande pour que ceux qui se sentaient attirés vers le protestantisme eussent la liberté d'agir suivant leurs convictions. Sans doute aussi, le mouvement de Grougis était moins en profondeur qu'en surface. Mais l'Eglise, durant cette période, ne progressa pas seulement en étendue. Et toute cette grande activité d'Edouard Monnier aboutit à quelques fortes conversions, dont les effets subsistent encore aujourd'hui. Le 24 novembre 1857, ainsi, quatre ans après la fondation de l'Eglise de Grougis, une de ses anciennes catéchumènes écrivait à Edouard Monnier :

Mon cher et bien-aimé pasteur, que je suis heureuse de pouvoir vous écrire ces quelques mots pour vous apprendre les nouvelles de Grougis. M. Bard n'est plus à Grougis : nous sommes seuls ; mais nous ne sommes pas abandonnés de Celui qui nous a aimés le premier. Il a dit dans son Evangile : Je ne vous laisserai point orphelins ; je viendrai à vous. C'est sur cette promesse que nous comptons. Vous la savez vous-même : je n'ai pas besoin de vous la dire. Je suis heureuse depuis que j'ai connu mon Sauveur. Ç'a été vous qu'il nous a apporté la bonne nouvelle du salut, qu'il nous a dit : Vous avez un Sauveur, et c'est lui qu'il faut prier, et non pas d'autre que lui seul, car il n'y a qu'un seul Sauveur et qu'une seule religion... Tous les amis de Grougis vous aiment beaucoup, car ils disent que vous êtes l'ami de leurs âmes. Oui, c'est depuis ce temps-là qu'il me semble que c'est une vie nouvelle pour moi.

Ce que cette paysanne de Grougis exprimait en son simple langage, beaucoup l'ont éprouvé qui ne l'ont pas écrit.

CHAPITRE IV.

BELLEVILLE.

I

En 1855, Edouard Monnier reçut un appel de M. Louis Vernes, qui l'invitait à venir le seconder dans l'évangélisation de la banlieue nord de Paris. M. Vernes avait fondé une œuvre à Belleville : il s'agissait de la reprendre et de la développer.

Edouard Monnier aurait aimé rester plus long-temps à Fresnoy, malgré que ses forces eussent commencé de faiblir sous le poids d'une tâche décidément trop lourde. Mais il vit dans l'appel de M. Vernes une indication qu'il ne se sentait pas libre de repousser, et il partit, convaincu que Dieu l'appelait à entreprendre ce nouveau ministère. Pour la seconde fois, il entrait dans le sillon tracé par Louis Vernes.

Le conseil presbytéral de Batignolles le nomma pasteur auxiliaire de la paroisse, avec résidence à Belleville. La paroisse fut divisée en deux sections. Edouard Monnier fut chargé de la seconde, qui

comprenait la Chapelle, la Villette, Belleville, Cha-
ronne, et tout ce qui s'étendait à l'est d'une ligne
tirée de Montmartre à Saint-Denis.

La nouvelle paroisse était proprement à créer.

La première chose était de constituer un registre
paroissial. Ce n'était pas une sinécure. La population de Belleville comptait déjà soixante mille
habitants; et, chaque année, elle se renforçait en
moyenne de quinze cents Parisiens (1). De plus,
elle était essentiellement instable, comme le sont
toutes les populations de banlieue. Les déménage-
ments continuels compliquaient à l'infini la besogne
du pasteur. La plus grande partie de ses journées
se passait à rechercher d'insaisissables paroissiens.
Le registre, toujours à refaire, était une vraie toile
de Pénélope. Cependant, Edouard Monnier parvint, durant les quatre années de son ministère à
Belleville, à constituer une paroisse de près de
quinze cents âmes, là où, auparavant, il n'y avait
à peu près rien.

Le culte se célébrait dans une ancienne salle
d'atelier, située rue Pradier. « Nous avons fait
dimanche dernier, à Belleville, l'inauguration de
notre petite et gentille chapelle, écrivait M. Vernes en annonçant à son nouveau collègue sa
nomination. Elle n'a que l'inconvénient, que votre
présence rendra sensible, d'être petite. » L'événe-

(1) On sait qu'à cette époque, Belleville était encore
une commune distincte de Paris.

ment donna raison à M. Vernes. Le local de la rue Pradier fut bientôt insuffisant. Dès 1857, le conseil presbytéral eut à examiner la question de l'achat d'un terrain pour la construction d'un temple. On écrivit au maire de Belleville, pour lui demander un local. Mais les choses traînaient en longueur. Edouard Monnier aimait à trancher le nœud gordien : prenant les devants, il acheta un terrain, rue Julien-Lacroix, sous sa propre responsabilité ; puis, il fit demander un subside au consistoire, qui accorda treize mille francs. Il traita ensuite avec un entrepreneur de charpente, qui s'engagea à construire de vastes écoles et les logements de l'instituteur et de l'institutrice, moyennant une somme de vingt-cinq mille francs. Dans les bâtiments de l'école, devait être aménagé un local spacieux pouvant servir au culte, en attendant la construction du temple définitif.

Le nouveau lieu de culte put être inauguré le 8 août 1858. Il y avait là une grande foule, très attentive. M. Juillerat présidait la cérémonie, où M. Vernes et M. Monnier prirent successivement la parole.

Toute cette entreprise n'allait pas sans de grandes dépenses. Edouard Monnier porta longtemps le fardeau des dettes qu'il avait contractées pour accomplir son œuvre. Il dut faire de grands efforts pour collecter une partie des fonds nécessaires. Enfin, en 1863, la Ville se substitua au Conseil Presbytéral, et acheta l'immeuble de Belleville.

Les écoles étaient une grande force pour la paroisse. Edouard Monnier y attachait une très grande importance. Il voyait dans l'œuvre scolaire, entreprise avec un esprit religieux, le complément indispensable de l'œuvre paroissiale. Il la développa considérablement : avant lui, il n'y avait qu'une petite école de filles ; quand il quitta la paroisse, il laissait derrière lui deux écoles florissantes.

Il fallait créer successivement tous les organes de la nouvelle paroisse. Edouard Monnier donna particulièrement ses soins à la constitution du Diaconat. Il y avait fort à faire pour soulager la misère qui sévissait en ce coin de banlieue. Dès 1857, on secourut cinquante familles, dont trente étaient venues récemment de Paris. La proportion des assistés était donc formidable : de quinze à vingt pour cent. Il y eut de ce côté-là bien des amertumes et des déceptions.

Edouard Monnier avait une grande bonté naturelle, et un cœur confiant. Il fut victime, à plus d'une reprise, des roueries de la mendicité parisienne. Un jour notamment, on vint le chercher pour consoler une famille en deuil. Il se rendit en toute hâte à l'adresse indiquée, où il trouva, dans un logis aux murs dénudés, une femme et des enfants dans les larmes : on pleurait le père de famille, dont le corps gisait sur un pauvre grabat. Emu par ce spectacle de misère et de douleur, il s'enquit si les pauvres gens avaient de quoi manger.

Sur la réponse négative de la femme, il laissa sur la table une pièce d'or. Quand il fut dans la rue, il se rendit compte qu'il avait oublié de fixer l'heure de l'enterrement. Vite, il remonta l'escalier, poussa la porte entr'ouverte... Le mort était sur son séant, qui riait à gorge déployée de la réussite de son stratagème.

Edouard Monnier avait déjà fait à Fresnoy quelques expériences du même genre. Il avait remis de l'argent à une mère de famille, pour acheter des souliers à ses enfants, qui allaient pieds nus dans les rues, et ce don n'avait servi qu'à organiser une réjouissance où de joyeuses commères avaient bu leur *gloria* « à la santé de M. Monnier ». Mais à Belleville, il avait affaire à des formes plus subtiles et plus odieuses de l'escroquerie. On se jouait parfois de ses sentiments les plus sacrés. On conçoit qu'au contact de ces mensonges, il ait perdu certaines illusions, et cette espèce de candeur enthousiaste qu'il apportait jusqu'alors dans ses relations avec ses paroissiens. Il resta bon et charitable ; mais de confiant il devint quelque peu sceptique.

II

Quoique très absorbé par le ministère pratique, Edouard Monnier put souvent réchauffer son cœur

au contact de personnalités religieuses d'une rare
valeur. Tel était le médecin de la famille, cet admirable docteur Gibert, homme de science audacieuse
et de foi triomphante, en qui s'apercevaient les
premières lueurs d'un génie que la vie de province
devait mettre sous le boisseau, sans l'éteindre. Tel
était aussi M. Rognon, ce prédicateur si distingué,
auquel le public parisien n'a jamais rendu complètement justice. M. Rognon composait des sermons
très étudiés, dans le goût classique. Il revêtait des
pensées très nobles d'une forme qu'on aurait sou-
haitée moins parfaite (1). Edouard Monnier comprenait toute sa valeur, et il y avait entre eux une
vraie sympathie.

Mais surtout, M. et madame Monnier aimaient à
se joindre au cercle qui s'était formé autour de
madame André-Walther.

La figure si sympathique et si distinguée de
madame André-Walther a été dessinée de main de
maître par celui qui devait un jour faire revivre,
dans l'Eglise de France, ses nobles traditions. A
quoi bon résumer ici le beau livre de M. Alfred
André ? — Il nous suffira de rappeler que madame André-Walther aimait à réunir tous ceux
qui, à un degré quelconque, travaillaient pour le
Règne de Dieu. Il y avait là un de ces grands cou-
rants de vie spirituelle qui vivifiaient la France

(1) Un volume de *Mélanges*, qui a obtenu un certain succès, donne une idée du talent de M. Rognon.

du Réveil. Bien des âmes venaient s'y retremper. Parfois, un visiteur étranger apportait un témoignage des grandes choses qui se faisaient ailleurs pour l'Evangile. C'est ainsi qu'un soir, madame Beecher-Stowe parut aux réceptions de madame André, portant un bracelet fait avec une chaîne brisée, emblème de l'œuvre accomplie, qui avait été offert à l'auteur de la *Case de l'oncle Tom* par ses admirateurs. M. de Pressensé lui exprima en termes vibrants les sentiments de l'assemblée. Ce soir-là, on se sentait transporté dans un monde supérieur. Aux soirées de madame André-Walther, on eut quelquefois cette impression.

Là, Edouard Monnier avait la joie de retrouver son frère Frédéric, qui avait épousé la nièce de madame André-Walther.

Frédéric Monnier avait commencé par suivre la même carrière que son frère. Il avait fait d'excellentes études théologiques, à Strasbourg et en Allemagne, sans y apporter toutefois l'élan qui caractérise les vocations sûres d'elles-mêmes. Il avait même écrit une thèse intéressante (1). Mais il n'était pas allé jusqu'à la consécration. Ces années d'étude et de réflexion l'avaient amené à se convaincre que ses aptitudes le mettaient en état de servir Dieu plus efficacement dans une carrière laïque. Il entra donc au Conseil d'Etat, avec le ferme propos de consacrer ses facultés et son in-

______

(1) *Essai sur la rédemption*. Paris et Strasbourg, 1857.

fluence à la cause de l'Evangile. Il épousa mademoiselle Isabelle André.

C'était un couple parfaitement harmonieux.

Lui avait beaucoup de charme dans les manières et dans l'esprit. Fin, lettré, aimable, doué d'une intelligence vive et qui faisait promptement le tour des choses, il avait le don de se faire aimer de tous ceux qui l'approchaient.

Elle, sans être froide, avait une grande noblesse d'allure, et cette parfaite simplicité, si rare aujourd'hui, qui est le signe de la véritable distinction. Sa beauté un peu sévère était éclairée par la douceur de son sourire. Elle ne vivait que pour le bien (1). Si calme en apparence, elle apportait aux œuvres religieuses un intérêt passionné, constamment prête à stimuler le zèle de son mari, et à le pousser vers une activité toujours plus intense. C'est elle qui lui a donné l'idée de cette *Croix*, si vraiment digne du nom de « journal religieux », qu'il a rédigée pendant plusieurs années dans un esprit de pure édification, et auquel elle a collaboré. Elle écrivait aussi des traités, où elle mettait toute son âme. En ces temps où madame André-Walther avait commencé de se retirer aux *Ombrages*, M. et madame Frédéric Monnier continuaient dans le même esprit l'institution de ces

____

(1) Voir le petit volume intitulé : *Un Souvenir de Madame Isabelle Monnier, née André* (Srasbourg, 1869).

soirées qui réunissaient les chrétiens de toute dénomination et de tout rang (1).

Cependant, dès cette époque, les représentants de la grande période du Réveil disparaissaient successivement. Grandpierre était encore à l'œuvre, mais il était parvenu au soir de la vie, — un beau soir, plein de sérénité. Adolphe Monod se mourait. De l'automne de 1855 au printemps de 1856, durant une période de six mois, se succédaient les *Adieux*. Edouard Monnier eut le privilège d'assister à deux de ces incomparables entretiens. Ce fut une des grandes impressions religieuses de sa vie.

Malgré tant de souvenirs et de relations qui auraient dû, semble-t-il, l'attacher à ce milieu encore si vivant, Edouard Monnier se sentait invinciblement rappelé vers ces campagnes de Picardie où il avait laissé une partie de son cœur. Exceptionnellement doué pour l'évangélisation, il souffrait de ne pouvoir se donner à cette tâche comme il l'aurait voulu, son temps étant dévoré par les visites infructueuses et par les enquêtes pénibles. Avec cela, il aimait la vie simple et naturelle. Il se sentait incapable de prendre racine dans le milieu parisien. Aussi, quand le poste de Saint-Quentin se trouva vacant par le départ de M. Guiral, il confia à M. Vernes son désir de devenir pasteur de cette église. M. Vernes, qui l'avait appelé, lui

____

(1) Eugène Bersier, très jeune alors, fut dès l'origine un de leurs habitués.

fit des objections, mais, voyant qu'il ne pouvait vaincre une inclination si forte, et en somme si éclairée, il se rallia à son projet, et alla jusqu'à lui en faciliter les moyens. Vainement un membre influent du Consistoire essaya-t-il de le retenir en faisant miroiter à ses yeux les avantages de la place de titulaire que le Conseil presbytéral de Batignolles avait réclamée à plusieurs reprises, depuis trois ans, pour Belleville. Le Consistoire s'apprêtait à la créer, et ce serait une situation importante. M. Monnier était père de famille : il fallait y regarder à deux fois avant de renoncer à des avantages pareils... Edouard Monnier répondit que ces considérations n'avaient à ses yeux aucun poids, et il partit. Le Conseil presbytéral de Paris (auquel se trouvait rattachée depuis quelques mois la paroisse de Batignolles) accepta avec regret sa démission. « Le Conseil, était-il dit dans la lettre officielle qui notifiait cette acceptation, a fait consigner au procès-verbal de ses séances l'expression de sa gratitude pour les services pieux et dévoués que vous avez consacrés au culte de Belleville, et qui ont, avec l'aide de Dieu, formé dans cette annexe de Paris une section importante de l'Eglise. »

CHAPITRE V.

SAINT-QUENTIN.

L'Eglise de Saint-Quentin a des origines fort anciennes (1). Au xviie siècle, il y avait dans la capitale du Vermandois une communauté florissante. Les protestants de Saint-Quentin allaient au culte à l'Haucour (aujourd'hui Lehautcourt), à deux lieues de distance. Dans ce temple de Lehautcourt, il se rassemblait jusqu'à trois mille personnes, venues de toute la contrée environnante.

Les protestants occupaient le centre de la ville (la rue Saint-Thomas). L'industrie se trouvait concentrée entre leurs mains. Ils prospéraient de telle sorte, que les autorités de la ville en concevaient

---

(1) Nous ne saurions donner ici un historique détaillé de l'Eglise de Saint-Quentin. Cet historique a été fait, avec toute l'érudition et la compétence possibles, par M. Alfred Daullé (*Chronique du Consistoire et de l'Eglise Réformée de Saint-Quentin depuis le rétablissement des Cultes.* Paris, Fischbacher, 1890). Nous nous bornons ici à résumer les principales données de cet ouvrage absolument sûr.

des craintes sérieuses. Dans un mémoire présenté au Roi « pour la réduction des hérétiques en ladite ville, » elles prévoient que « dans peu d'années, ils pourront égaler le nombre des catholiques. » « Leur agrandissement est tel, ajoute le mémoire, qu'ils ont acquis, en héritages et maisons qu'ils ont fait bastir, presque la moityé de la ville, tous en un mesme endroit où ils semblent se voulloir cantonner, oultre les lieux où ils blanchissent les toilles scitués dans les fortifications de la place. »

Le mémoire date de 1665. Dans les années suivantes, le scandale ne fit que s'accroître. Il fut mis au comble par l'apostasie de deux capucins et de la supérieure de l'Hôtel-Dieu. Mais en 1683, une ordonnance du lieutenant criminel au bailliage de Vermandois venait y mettre bon ordre. Le temple de l'Haucour était fermé ; le ministre était interdit ; des peines terribles étaient édictées contre les apostats.

L'Eglise fut anéantie. Il n'y a actuellement, à Saint-Quentin, aucune famille protestante dont le nom se retrouve dans les listes des membres de l'Eglise avant 1685. La seule famille protestante qui ait vécu à Saint-Quentin au xviiie siècle est la famille Joly de Bammeville, originaire du Poitou. Et en 1804, il ne se trouvait dans la ville que 78 protestants.

Le poste de Saint-Quentin fut rétabli sous Charles X, en 1828, et attribué à M. Guillaume Monod. L'église comptait alors 450 membres. En 1850, elle en comptait déjà 781.

Le temple est tout simplement la chapelle du couvent des Capucins. Elle avait été bâtie en 1615. La Révolution fit sortir les Capucins, et leur chapelle servit de remise ; en 1833, elle fut donnée aux protestants.

C'est un modeste édifice que ce temple. L'architecture en est médiocre, et l'intérieur, très clair, est d'une banalité rare. Avec cela, il n'est plus très solide. Tel quel, il est digne d'être aimé, car des générations de croyants sincères et vivants y ont adoré.

L'Eglise de Saint-Quentin rappelle par certains côtés ces premières communautés de Grèce auxquelles l'apôtre Paul écrivait ses épîtres. On a pu lui appliquer la parole de la première aux Corinthiens : « Il n'y a pas parmi vous beaucoup de riches, ni beaucoup de puissants, ni beaucoup de nobles. » A cet égard, il est vrai, le caractère de l'Eglise a quelque peu changé depuis l'époque de la fondation. En 1828, les protestants occupaient, dans l'industrie saint-quentinoise, les situations dominantes, et le consistoire local (équivalent du conseil presbytéral actuel) comptait au nombre de ses membres un Oberkampf, un Gallay, plusieurs Joly de Bammeville. Mais ces familles ont cédé successivement à l'attraction de la capitale : et aujourd'hui, l'Eglise est recrutée en grande majorité parmi les travailleurs de l'usine, dont beaucoup ont été d'abord des travailleurs des champs. Si, durant le ministère d'Edouard Monnier, elle a triplé.

c'est le fait de l'immigration autant que de la propagande (1).

Dans le Vermandois, il a toujours subsisté un noyau résistant de communautés protestantes, qui ont survécu à la Révocation de l'Edit de Nantes. Extirpé de Saint-Quentin, le protestantisme est demeuré vivant à Hargicourt, à Jeancourt, à Nauroy. Au XIXe siècle, Saint-Quentin, enrichi par l'industrie, a été l'aimant où sont venues se prendre ces fortes populations agricoles du Vermandois. Les protestants des campagnes ont apporté dans l'Eglise de la grande ville leurs habitudes religieuses, leur austérité, leur culture biblique étendue et précise. La décadence de l'industrie des châles a contraint un grand nombre d'habitants de Fresnoy et de Grougis à s'expatrier : beaucoup se sont fixés à Saint-Quentin, et, parmi eux, un certain nombre de ces prosélytes dont nous

(1) On en jugera par les chiffres suivants. En 1804, le nombre des protestants de l'Aisne (non compris Château-Thierry) s'élève à 3579, dont 78 à Saint-Quentin. En 1889, il est de 5867, dont 2023 à Saint-Quentin. Si l'on défalque les agglomérations protestantes de Fresnoy et de Tergnier-Laon, qui se sont constituées depuis le début du siècle, il reste, pour les Eglises rurales de la consistoriale, 2813 âmes, contre 3579 en 1804, soit une perte de 766 unités, tandis que le chef-lieu en a gagné 1945. Il est donc à peu près certain, *a priori*, que Saint-Quentin s'est enrichi aux dépens des Eglises environnantes. L'examen détaillé des éléments dont se compose l'Eglise de Saint-Quentin confirme cette supposition.

avons esquissé le caractère énergique, la fierté parfois ombrageuse. Tous ces apports successifs
devaient concourir à donner à l'Eglise de Saint-
Quentin une physionomie très particulière et atta-
chante.

L'Eglise avait été dès l'origine, et pendant assez
longtemps, sous l'influence du rationalisme. Son
premier pasteur, M. Guillaume Monod, avait été
destitué dès 1829 par le consistoire local, pour
excès de mysticisme. Il faut ajouter que cette
mesure ne fut pas sanctionnée. M. Monod ne quitta
Saint-Quentin qu'en 1832.

Le mysticisme de M. Monod était en effet très
particulier. Il faisait, le soir, des réunions dans les
villages des environs, à deux et trois lieues de
distance ; il s'en revenait à quatre heures du matin,
pour tenir à son domicile une réunion destinée
aux ouvriers, laquelle avait lieu à cinq heures, de
manière à permettre aux auditeurs de se rendre à
leur travail à cinq heures et demie. La neige et la
boue n'arrêtaient pas M. Monod ; pour faire
l'aumône, il se privait de nourriture, et il lui arriva
de donner, à la lettre, sa dernière chemise à un
pauvre.

Rien d'étonnant si cette façon d'entendre le ministère évangélique avait fini par altérer gravement
la santé de M. Monod. Comme il avait une constitution de fer, il ne mourut pas ; mais son cerveau
se dérangea, et il se crut le Messie. En 1832, il dut
quitter son Eglise. Depuis, il recouvra la raison,

sans cesser de croire à sa messianité. Il ne perdit son illusion que sur son lit de mort. Il a vécu jusqu'à l'âge de quatre-vingt-seize ans. Qu'il ait toujours gardé des fidèles, cela se comprend, si l'on songe que rarement un homme de notre époque a offert une image aussi parfaite de la sainteté.

Le départ de M. Monod laissait le champ libre aux libéraux. Ils appelèrent un prédicateur d'un rationalisme aigu, M. Sabonadière. La partie orthodoxe du troupeau se groupa autour du successeur intérimaire de M. Guillaume Monod, M. Poulain. Ce schisme dura six ans, jusqu'à la nomination de M. Bastie au poste officiel (M. Sabonadière avait été, dans l'exercice de son ministère, frappé d'une insolation). Dès lors, l'Eglise de Saint-Quentin n'eut plus d'histoire, jusqu'aux jours héroïques de 1870. Le seul événement qui vaille d'être relaté, c'est la restauration du temple, effectuée par M. Guiral, successeur de M. Bastie, grâce au concours de la famille Joly de Bammeville.

Le parti libéral avait été mis en déroute par la mort de M. Sabonadière. Bientôt, il fut absorbé par les éléments orthodoxes de l'Eglise, de plus en plus nombreux, à cause de l'afflux des populations rurales. Lors de l'arrivée d'Edouard Monnier (en 1860), il n'était plus qu'un souvenir.

Edouard Monnier se sentait dès l'origine de son ministère une vive sympathie pour cette Eglise si démocratique, si fidèle, si vivante. Il s'établit entre elle et lui un lien que le temps devait fortifier, et qui n'apparut jamais aussi fort que le jour où ses forces physiques déclinèrent visiblement.

Il y avait, de part et d'autre, une grande sobriété de démonstration. C'était un attachement trop profond pour être formulé en paroles banales, et qui se sentait sans être exprimé. Durant quarante-deux années, la vie du pasteur et celle de l'Eglise furent associées, et jamais on ne prévit la possibilité d'une séparation.

Au cours de cette longue période, cependant, les appels ne firent pas défaut. Edouard Monnier fut appelé à Sedan, à Anduze, à Saint-Dié ; toujours il refusa : il voulait vivre et mourir dans l'église de son choix.

II

Cette longue période fut assombrie par une série de deuils.

En 1864, Edouard Monnier perdit son père.

Après la mort de sa femme, M. Auguste Monnier avait continué son activité d'évangéliste et d'agriculteur, toujours prêt à saisir les occasions qui se présentaient d'annoncer l'Evangile en des contrées jusqu'alors réfractaires. Une de ses lettres le montre partant pour Joinville, dans le seul but d'y présider une réunion religieuse. Et de se rendre de Nancy à Joinville, en ce temps-là, c'était un

grand voyage. D'autre part, il s'occupait très activement de développer l'agriculture lorraine; et, à
chaque concours agricole, il faisait des tournées
fatigantes. Sa constitution robuste finit par s'altérer, sous la double influence de sa vie solitaire
à la Malgrange et de ces occupations trop lourdes
pour son âge. Il fut atteint d'une maladie d'esto-
mac qui le fit longtemps souffrir d'une façon intermittente, puis s'aggrava subitement, et le mit à un
tel niveau de faiblesse qu'il ne put que se faire
conduire chez ses enfants, à Paris d'abord, puis à
Saint-Quentin, (chez son gendre, M. Maurice Joly
de Bammeville). Là, ses forces déclinèrent de jour
en jour. Son fils Edouard lui ayant avoué ses craintes,
il manifesta un grand calme. Il était presque surpris
de se trouver si paisible en face de la mort. L'un
des siens lui ayant dit que tout espoir n'était pas
encore perdu, il répondit : « Tu me rattaches presque à la vie. Je me sens encore bien de la force,
mais je suis prêt : que la volonté de Dieu se fasse! »
Ensuite, il parla de ses dernières dispositions, entrant dans le menu détail des choses, et ne pensant qu'aux siens, sans aucun retour sur lui-même.
Des vomissements de sang ne laissèrent plus de
doute sur le caractère fatal de la maladie. Alors
il dit à ses enfants : « Ma maladie était grave,
elle est plus grave : à la garde de Dieu. » Il se fit
lire le Psaume 23, et il dit à ceux qui l'entouraient : « Vous remplissez près de moi un devoir,
mais je veux vous remercier de la manière affec-

tueuse avec laquelle vous le remplissez. » Puis il ajouta : « Attachez-vous à la parole de Dieu : prenez-la pour votre règle. Pendant mes longues nuits sans sommeil elle a fait ma consolation, elle a fait ma force. Je m'en récitais des passages par fragments. Que de fois pendant mes soucis de diverse nature, — et combien j'en ai eu ! — elle m'a soutenu, elle m'a dirigé ! Elle a été la force de notre famille. Une règle est ce qui conduit au but. Les raisonnements sont toujours muables : ce qu'on voit une fois d'une manière, on le voit ensuite d'une autre. Mais une règle est un guide assuré. On peut s'en départir, on peut en dévier ; mais elle est là pour ramener toujours dans le droit chemin. »

Quelques jours se passèrent... Le médecin et la garde lui adressaient les consolations d'usage sur sa guérison probable. Leurs paroles ne lui faisaient aucun effet : « Je suis prêt à voir la mort, dit-il à la garde, comme vous êtes prête à voir se lever le soleil demain matin. »

Il s'occupait de mettre ordre à ses affaires, dictant des lettres (1), répartissant des souvenirs, ex-

(1) Il vaudrait la peine de reproduire ici toute cette correspondance *in-extremis*, si simple et si sereine. Mais la lettre à M. de l'Espée suffit à en faire sentir le caractère :

« Mon cher ami, je ne veux pas quitter ce monde sans vous envoyer au moins un adieu et vous dire que vous êtes un de ceux que je regrette sur la terre. Dans peu de jours, je serai avec le Créateur de toutes choses, et, je puis

hortant et réconfortant les siens. Une seule parole
de regret, sur ses petits-enfants : « J'aurais aimé
les voir grandir. » Il se faisait lire des psaumes ;
ensuite, il répétait les paroles d'un cantique qu'il
avait chanté souvent avec sa femme :

> Encor quelques jours sur la terre,
> Encor quelque peu de misère,
> Et vers Dieu mon âme se rendra.
> Je vois déjà le bout de la carrière
> Où pour toujours mon combat finira.

> Encor quelques maux, quelques larmes,
> Quelques ennuis, quelques alarmes,
> Et quelque temps de faiblesse et d'erreur,
> Et je verrai les ineffables charmes
> De ce séjour où règne le Seigneur.

Ses propos étaient toujours empreints de la
même ineffable sérénité. « Je ne sais, disait-il à ses
enfants, s'il en sera ainsi jusqu'à la fin, mais je
croyais qu'il y aurait un combat, et il n'y en a
point. Que regretterais-je ? le droit de boire et de
manger ?? — le droit d'être avec vous ? cela m'est
un grand plaisir ; mais j'ai en idée que je vous

le dire, à un point de vue, je m'en réjouis. La mort ne
m'inquiète pas le moins du monde. Que le Seigneur veille
sur vous et sur vos enfants ! Je vous écris peu, parce que
je suis faible. Adieu, encore une fois, ou plutôt au revoir
dans l'invisible. »

verrai encore, que je vous suivrai de là où je vais. De quoi aurais-je peur? L'Eternel est la force de ma vie : de quoi aurais-je de la crainte? »

Les douleurs augmentaient. « Crois-tu, demandait-il à son fils Frédéric, que la fin tarde encore? Tu comprends que, là où en sont les choses, il vaut mieux qu'elle vienne bientôt. » Et quand le docteur vint lui prescrire un remède qui devait lui rendre un peu de force : « Je veux bien consentir, dit-il, à prolonger quelques jours mes souffrances; mais c'est une dernière preuve d'affection que je donne à mes enfants. »

Il demanda qu'on mît sur sa tombe ces paroles : « Christ dit : Je suis la Résurrection et la Vie : celui qui croit en moi vivra, quand même il serait mort. » C'était le passage que sa femme avait choisi pour sa tombe : il voulait se rencontrer avec elle dans une dernière pensée d'espérance chrétienne. Voyant ses enfants rassemblés autour de lui, il leur dit : « Vous voilà autour de moi, comme l'olivier dont parle le prophète : les rejetons entourent le vieux tronc prêt à être coupé. Puissent les rejetons donner beaucoup de fruits! »

Ses exhortations se rapportaient toujours au même objet, — le seul nécessaire : « Attachez-vous à la piété. Que votre piété ne soit pas semblable à celle des gens d'Ephraïm, semblable à la rosée qui se dissipe, mais qu'elle soit comme une source profonde... Qu'elle ne soit pas comme celle des gens du monde, à la surface, pour l'apparat;

mais bienfaisante, efficace, dans les petites et dans
les grandes choses, dans les pensées et dans les
paroles. Il n'y a de vrai bonheur que dans le con-
tentement de l'âme ; il ne se trouve pas dans les
choses extérieures. »

Comme on s'informait s'il n'avait aucun désir à
faire connaître : « Les choses de la terre ne me
regardent plus. En ce qui me concerne, je ne m'occupe plus que d'une chose, la seule qui m'importe :
c'est d'être avec le Seigneur. »

Un rayon de soleil venant à luire à travers les
nuages, il tourna la tête vers la fenêtre ouverte :
« Que le soleil est beau, illuminant toutes choses...
O Domine, quam magna sunt opera tua!... Que le
Seigneur est bon de me donner toutes choses! J'ai
bien encore quelques moments pénibles, mais cela
ne vaut pas la peine de dire : « Achever les souffrances de Christ. »

Il fit venir auprès de lui madame Nyegaard, la
femme distinguée qui avait dirigé l'éducation de
ses enfants (1), et, lui serrant les mains : « Que le
Seigneur vous bénisse, et qu'il fasse de votre fils
un fidèle et pieux pasteur de notre Eglise! » Ce
vœu devait être exaucé.

Le vendredi 29 avril, la nuit avait été agitée ; la

____

(1) A cette époque, madame Nyegaard dirigeait, à Saint-
Quentin, un pensionnat qui a exercé pendant de longues
années sur les jeunes filles de la région une influence
bénie.

faiblesse du malade s'était compliquée d'angoisses physiques. On l'avait entendu murmurer : « Quand même tu me tuerais, je ne cesserais de te bénir... Seigneur, que ta volonté soit faite !... S'il faut achever en quelque chose les souffrances de Christ, que ta volonté soit faite ! »

Son beau-frère, M. de l'Espée, vint le voir, et lui dit : « On peut sans doute aller avec confiance au-devant de la mort, quand on a rempli sa vie comme vous avez rempli la vôtre. » Il l'interrompit vivement : « Oh ! regardons en haut, regardons en haut ! Je n'ai de confiance que dans les mérites de Christ. »

Le lendemain, M. de l'Espée revint tout ému, déclarant à son beau-frère qu'il ne pouvait se résoudre à le quitter. « Ne vous lamentez pas, répondit-il : ce n'est jamais qu'un court voyage. Quelques jours de plus, quelques jours de moins. Vous allez monter en wagon, retrouver la maison et les joies domestiques. Moi aussi, je vais monter en wagon, et je retrouverai la maison et les joies domestiques. Seulement, ajouta-t-il doucement après une pause, le wagon est quelquefois bien mauvais... »

Sa voix semblait presque éteinte. « Je sens, dit-il, que j'entre dans la vallée de l'ombre de la mort. Seigneur, sauve-moi ! Seigneur, tiens-toi à mes côtés, et que ta volonté soit faite ! Gloire à l'Agneau, dont le sang nous a lavés ! Seigneur Jésus, viens ! » Puis, il demanda le verset de cantique qu'il appelait son verset, et que, durant sa maladie, il avait souvent répété :

Rien, ô Jésus, que ta grâce,
Rien que ton sang précieux,
Qui seul mes péchés efface,
Ne me rend saint, juste, heureux.

Ne me dites autre chose
Sinon qu'il est mon Sauveur,
L'auteur, la source et la cause
De mon éternel bonheur.

C'est ainsi que mouraient les convertis du Réveil, ceux qui s'étaient formés à l'école d'Adolphe Monod et de Louis Meyer.

En 1869, un nouveau deuil venait attrister le foyer d'Edouard Monnier. Il perdait un petit garçon de six ans. Cet enfant était parvenu, au cours de sa maladie, qui fut longue et incertaine, à un développement religieux très remarquable. Il chantait des cantiques qui célèbrent la beauté du ciel, et il demandait qu'on les lui chantât. Il témoignait à ceux qui le soignaient une douceur et une joie qui faisaient voir qu'il était déjà par le cœur dans ce pays des anges dont les gloires enchantaient sa souffrance. Le petit Auguste repose au pied du Jura, dans le cimetière paisible d'Arlesheim.

Au milieu du plus pur bonheur familial, ce furent les premiers nuages. Il devait en survenir d'autres.

III

La guerre de 1870 éclata. Pour la tranquille cité de Saint-Quentin, ce furent des jours héroïques. Edouard Monnier collabora à la défense : il y mit toute son énergie et tout son cœur.

A l'approche des Prussiens, il se rendit compte que le village de Rouvroy était l'un des points qu'il convenait de fortifier, et il l'indiqua. Il dirigea lui-même l'abattage des arbres. Il aida à construire la barricade qui devait remplacer les fortifications absentes. Quand les Prussiens arrivèrent, il était au faubourg d'Isle, à l'endroit attaqué, encourageant les défenseurs, et regrettant, dans son âme de soldat, de ne pouvoir se joindre à eux.

Les Prussiens, on le sait, furent repoussés, et cette journée du 8 octobre immortalisa le nom de Saint-Quentin, la seule ville ouverte, avec Châteaudun, qui ait osé résister à un assaut.

Mais bientôt, ils revinrent. L'armée du Nord, victorieuse à Bapaume et à Pont-Noyelles, se portait dans la direction de Paris. Son avant-garde prit contact avec l'ennemi à quelques kilomètres de Saint-Quentin. Edouard Monnier partit de bon matin, revêtu de son brassard d'infirmier, et installa une ambulance dans une chaumière de paysan, à Gauchy, au centre même du champ de bataille, et fort en avant de la ligne des ambulances. On lui apportait les blessés, en lui donnant généreusement le titre de « docteur », que personne n'était en état de lui contester. Lorsqu'il battit en retraite, avec sa charrette remplie de blessés, il se trouvait entre les deux armées, et il dut à une accalmie vraiment providentielle de ne pas essuyer le feu de l'arrière-garde française.

Il était de retour chez lui au moment du bombardement. Sa maison commença bientôt à s'emplir de soldats français, qui venaient se faire panser jusque dans la cuisine. On en cacha plusieurs, qui étaient exténués, dans un souterrain. Edouard Monnier décida les autres à le suivre. La nuit tombait. La ville était emplie de fuyards ; ils pouvaient être six mille, qui ne savaient où aller. Déjà l'ennemi avait pénétré dans Saint-Quentin, dont il occupait les rues principales. Edouard Monnier emmena ses compagnons par des chemins détournés. Il les fit passer le long des haies, derrière l'église Saint-Jean, par une « voyette » qui rejoint le chemin de Lehautcourt. Chemin faisant, la petite troupe s'était grossie : et finalement, il y avait là quelques centaines d'hommes. Mais toutes les armes étaient confondues, et les officiers étaient hors d'état de donner des ordres aux soldats. Edouard Monnier avait ôté son brassard, qui lui constituait une sauvegarde. Dès lors, il devenait soldat, et, n'étant pas militaire régulier,

il exposait sa vie. Il prit le commandement avec
une aisance et une autorité qui auraient pu faire
croire qu'il n'avait jamais fait autre chose. Il fit
former les rangs ; et bientôt, il réussit à établir
l'ordre et la discipline, là où il n'y avait que con-
fusion. Les soldats, dans leur trouble, l'avaient
baptisé « le général », ce qu'il était en effet pour
la circonstance (1).

Edouard Monnier dut passer, avec « ses hommes »,
le long d'un chemin creux où était installé un
bivouac allemand. Grâce au silence absolu qu'il
avait pu obtenir, il contourna cet obstacle sans
attirer la vigilance de l'ennemi. Enfin, les lignes
allemandes étant heureusement franchies, et les
soldats n'ayant plus qu'à poursuivre sur un bon
chemin, le « général » s'en retourna à Saint-Quentin. Là, il trouva d'autres soldats, qu'il fit échapper
par la même voie. Trois fois de suite, il fit ce pé-
rilleux voyage. La dernière fois, il était en compagnie de trois officiers. Ils rencontrèrent une pa-
trouille allemande. Le brouillard était si épais,
que, malgré leurs uniformes, on les prit pour de
simples civils.

Edouard Monnier ne rentra chez lui qu'à dix
heures du soir. Il avait quitté Saint-Quentin à

______

(1) C'est ainsi qu'ils le désignèrent dans leurs récits ; —
ce qui explique, par parenthèse, que l'exploit ait été attribué au général X..., qui en accepta la paternité avec
aisance, et qui n'eut point à le regretter.

quatre heures de l'après-midi. Il trouva sa maison envahie par les Allemands.

Heureusement, au cours de leurs visites à la cave, ils n'avaient pas trouvé l'entrée du souterrain. Mais tandis que tout ce monde était à table, M. et madame Monnier entendirent des sons étranges, qui paraissaient sortir des entrailles de la terre. C'étaient les Français cachés dans le souterrain qui ronflaient de toutes leurs forces. Il fallut s'ingénier à faire la belle conversation aux Prussiens et à leur tenir tête le verre en main, jusqu'à une heure du matin, en faisant le plus de bruit possible pour les empêcher d'entendre. Enfin une sonnerie les appela : ils partirent.

Le lendemain on alla par la ville ramasser des défroques variées ; et on en affubla les Français. Ils quittèrent la maison sous l'œil bienveillant d'un sous-officier allemand, qui riait en voyant tous ces personnages hétéroclites sortir de cet unique logis.

Naturellement, il restait une quantité d'armes. On les cacha dans des sortes de coulisses, ménagées au-dessus des mansardes. A l'officier allemand qui fut chargé de perquisitionner, on montra le sabre du grand-père, qui avait été en son temps chef de bataillon de la garde nationale. Et l'Allemand se tint pour satisfait.

Edouard Monnier parcourut le champ de bataille. La vue des blessés qui n'avaient encore pu être enlevés le bouleversa. Il résolut de transformer le temple en ambulance. L'Eglise fut convoquée en hâte dans la « chambre haute » où se tenaient les réunions de prières. Certains membres du Conseil émirent des objections. « Vous n'aurez que du foin pour les coucher », disaient-ils. Alors, un pauvre homme s'écria : « Moi, je donnerai mon lit ! » Finalement l'enthousiasme d'Edouard Monnier entraîna la majorité. Le lendemain, le bruit s'était répandu que les Prussiens allaient faire des réquisitions de toute sorte, pour établir une ambulance au lycée. Un Saint-Quentinois, qui possédait chevaux et voitures, offrit sa patache, craignant qu'elle ne fût réquisitionnée, et pria qu'on y mît la croix d'ambulance. Un homme dévoué monta à côté du cocher, et réquisitionna « au nom du pasteur Monnier ». Le soir même, trente-six lits étaient installés dans le temple. On s'était demandé comment organiser une cheminée. Les Prussiens y avaient pourvu. Un obus du bombardement avait percé la voûte du temple : l'orifice, était juste suffisant pour qu'on y pût faire passer un tuyau de poêle.

Le même jour, un jeune étudiant en médecine suisse, M. de Watteville (actuellement médecin à Londres) venait offrir ses services. Deux dames de la ville, madame Martin et mademoiselle Bruder, promirent de venir chaque jour faire les achats et les comptes, et s'engagèrent à veiller sur l'alimentation des blessés. Toute l'Eglise, ou peu s'en faut, voulut s'occuper de l'ambulance : on se répartit la besogne. L'usage des antiseptiques n'était pas encore répandu à cette époque. M. de Watteville avait étudié en Angleterre : il était élève de Lister : il employa l'alcool, et ne se servit que d'instruments propres. Grâce à cette méthode, on ne perdit que deux blessés, sur les quatre-vingt-dix qui furent soignés au temple, tandis que dans les autres ambulances, où les blessés étaient soignés avec les vieilles méthodes, la pourriture d'hôpital sévissait, et les gens mouraient comme des mouches.

Un prêtre était admis à exercer son ministère auprès de ses coreligionnaires. On vit aussi parfois une sainte fille venir réciter des prières catholiques dans ce temple, devenu un asile pour tous.

Au moment où on se lassait de fournir du vin à l'ambulance, Edouard Monnier reçut une lettre l'avisant que cinq barriques de bordeaux étaient en détresse à la gare, sans pouvoir avancer, et l'invitant à les prendre pour l'ambulance. Il arrivait de tous côtés de l'argent et des caisses de linge.

En juillet, lorsqu'il ne resta plus que trois blessés, on les mit à l'Hôtel-Dieu, et l'ambulance se ferma, ayant encore un matériel considérable, qu'il fallut liquider. On fit don à M. Lebée, qui entretenait encore une ambulance, d'une grande quantité de literie. On envoya à l'Hôtel-Dieu deux ou trois barriques de vin qui restaient, et il fallut commander des armoires pour y mettre le reliquat du linge. Ainsi se trouva justifiée la foi d'Edouard

Monnier. Après la multiplication des pains, c'étaient « les douze corbeilles pleines des restes de ceux qui avaient mangé ».

Ce furent de sombres jours, malgré ces bénédictions. Edouard Monnier était alors trésorier de la Société du Nord. Il assuma la tâche de faire parvenir aux agents l'intégralité de leur traitement. Mais il ne recevait plus ses revenus. Il fallait se priver de tout ce qui n'était pas indispensable. Dans cet hiver si froid, on ne se chauffa plus, on ne garda qu'une domestique, on ne mangea plus d'autre viande que du bouilli. La famille était confinée dans la salle à manger, autour de l'unique poêle, dont elle devait partager la chaleur avec un mineur saxon, soldat du train, qui était la grossièreté même. Noël était venu, un triste Noël, dont la tristesse était accrue par le souvenir des Noëls précédents, si joyeux. On était rassemblé autour de la table, où venait d'être servi un maigre repas. Un coup de sonnette résonna. La porte s'ouvrit, et un officier allemand entra. Il venait loger dans la maison. On lui fit place à table, mais les enfants s'étaient tus, et un silence glacial l'environnait. L'officier promena un regard autour de lui; puis soudain, se cachant la tête dans les mains, il éclata en sanglots et s'écria : « Là-bas aussi, ce soir, ils sont quatre autour de la table, trois filles et un fils... Les reverrai-je jamais ?... » A la vue de ce chagrin, *l'ennemi* fut oublié : on ne vit que l'homme qui pleurait, et chacun fondit en larmes, unissant

à la tristesse de la patrie lointaine les douleurs de
la patrie vaincue.

IV

Après la guerre, l'activité pastorale d'Edouard
Monnier reprit son cours normal. De Saint-Quentin,
elle rayonnait sur les environs. Un pasteur auxiliaire était chargé de l'arrondissement de Laon et
de l'annexe importante de Flavy-le-Martel. Mais
Edouard Monnier s'occupait lui-même de répandre
l'Evangile dans les communes qui avoisinaient
Saint-Quentin, profitant de toutes les portes qu'il
y trouvait ouvertes.

Il n'avait jamais renoncé à sa tâche d'évangéliste.
Un jour — c'était encore sous l'Empire — il avait
été appelé à Vermand pour l'enterrement d'un
suicidé, auquel l'Eglise avait refusé les dernières
prières. Le doyen se plaignit amèrement, dans les
journaux, de cette intervention. Sa protestation est
un curieux document d'intransigeance :

Instruit seulement le jour de l'inhumation, à 8 heures
du matin, par les fossoyeurs, de l'intervention certaine
d'un ministre protestant, je rédigeai aussitôt une protestation... Pour moi, dans l'espèce, le maire *seul*, après
mon refus, *pouvait* et *devait* enterrer le défunt ; tant
que la chose ne sera pas jugée contre moi, je main-

tiendrai par des protestations fermes et dignes ma liberté pleine et entière de curé.

On comprend que le journaliste qui a reçu cette lettre ait conclu par ces sages réflexions : « L'intolérance religieuse doit s'attendre à provoquer d'autres actes du protestantisme, si les imitateurs de M. l'abbé C... n'aiment mieux faire de leurs paroissiens autant de libres-penseurs. »

Dans le débat épistolaire qui se déroula à ce propos à travers les colonnes du *Glaneur*, la note comique fut donnée par un « habitant de Marteville », ou soi-disant tel, qui écrivit une lettre picarde dont je respecte l'orthographe et la teneur :

L'in y dit, a mein quel homme ec no doyen, nonc non jamma ien eu pareil ; d'autes y dites à l'eux s'enfants : mes zenfants, si èche-viens à moirir, épi qu'èche curé y vo cherche gavel touillée pour m'entéré, n'el priéz point du tout ; allez chercher èche ministre protestant ; y m'enterra ly, car y la dit d'en slette qui n'erfuzun jamma d'entéré en mort, épi cha est bien pu biau : en fa en discours ed van partir del mazon mortuair, épi en enfa en aute al fosse, bien pu long quel premier, épi mossieu el ministre y parle en français, tout l'mone y compren èche qui dit, cha es bécau pu édifiant.

Malgré ces considérations, il ne se produisit pas de mouvement religieux dans cette partie du Vermandois, très inféodée au cléricalisme.

A Etreillers, Edouard Monnier donna, plusieurs années de suite, des réunions qui furent assez fréquentées. Le voisinage du château de Pommery, habité par la famille Joly de Bammeville, donnait au protestantisme, il est juste de le dire, un prestige particulier. Edouard Monnier partait le dimanche soir de Saint-Quentin, après les services, emmenant une bande de jeunes gens, ses anciens catéchumènes, membres de l'Union chrétienne. Il leur offrait ainsi une bonne occasion de mettre en pratique leur zèle pour la cause de l'Evangile. Plusieurs n'ont pas oublié les réunions qu'ils organisaient avec un si joyeux entrain, et où leurs chants mettaient tant de jeunesse et d'ardeur.

Finalement, il s'éleva des difficultés qui obligèrent à interrompre les réunions, et le mouvement d'Etreillers n'eut pas de suites. Aujourd'hui, la création d'un asile de vieillards dans les dépendances du château de Pommery a installé un nouveau foyer de protestantisme dans cette région.

En 1895, une famille protestante établie à Origny appela le pasteur. Des notabilités libres-penseuses de la localité, en haine du curé, appuyèrent la propagande protestante. Il y eut pendant quelque temps des auditoires importants. Puis, le mouvement se ralentit, comme tous ceux auxquels la politique a une part. Quelques conversions sérieuses furent cependant le fruit de cette œuvre, sur laquelle Edouard Monnier ne s'était jamais fait beaucoup d'illusions. Le Vermandois était difficile à

entamer, les positions y étant prises depuis longtemps.

Il n'en était pas de même à Saint-Quentin.
Dans la population si dense des faubourgs, il y
avait de beaux coups de filet à donner pour l'Evangile. Peu de quartiers, à Paris, donnent une sensation de misère aussi poignante que certains coins
des faubourgs de Saint-Quentin. Et cette population prolétarienne était alors sans Dieu et sans
espérance ! Le clergé l'abandonnait à elle-même,
sans faire le moindre effort pour la ramener. Il
était réservé au protestantisme de s'en occuper le
premier. En 1881, Edouard Monnier fit bâtir une
salle d'école au faubourg d'Isle. Suivant son habitude, il collecta lui-même l'argent, ne demanda
rien au Conseil presbytéral, jusqu'à ce que tout fût
terminé, et remit ensuite la clef audit Conseil.

L'école du faubourg d'Isle fut fermée en 1883.
Mais l'institutrice resta en qualité de visiteuse biblique, et exerça une activité bénie dans ce quartier. La salle fut consacrée à des réunions d'évangélisation, qui groupèrent bientôt un public régulier.

Secondé par son fils aîné, qui l'assista pendant
dix ans en qualité de pasteur auxiliaire, Edouard
Monnier ouvrit en 1888 une autre salle dans le
faubourg le plus populeux et le plus délaissé de
Saint-Quentin, le faubourg Saint-Jean. Là, il y eut
bientôt jusqu'à deux et trois cents auditeurs. De
nombreux prosélytes se déclarèrent. Les Apaches

du quartier venaient en foule aux réunions, qu'ils interrompaient de leurs moqueries. On leur tenait tête vaillamment. Le jour où deux sergents de ville firent leur apparition sur le seuil, ils se calmèrent. Mais cette innovation eut pour les réunions de fatales conséquences. Le tapage disparaissant, l'intérêt décrut. Puis, les catholiques ouvrirent dans ce faubourg, à l'instar des protestants, une Ecole du jeudi. Les enfants se partagèrent. Dans l'église du faubourg, on organisa des Missions. Les réunions y perdirent : le faubourg y gagna d'être doublement édifié ; et le protestantisme rendit une fois de plus au catholicisme le service de le tirer du sommeil.

Enfin, dans le troisième faubourg, qui est le faubourg Saint-Martin, une troisième salle s'ouvrit. Un poste d'évangéliste fut créé.

Aujourd'hui, trois pasteurs et une visiteuse biblique sont à l'œuvre dans Saint-Quentin. Le nombre des protestants, qui s'élevait en 1888 à dix-neuf cent soixante-quatre, doit s'élever actuellement à près de deux mille cinq cents. Il y a trois réunions d'évangélisation par semaine ; et de plus, trois écoles du jeudi (dans les faubourgs) et deux écoles du dimanche. L'Eglise de Saint-Quentin est l'une des plus florissantes du Nord de la France, par le nombre et par la piété de ses membres.

Tout en s'efforçant d'évangéliser le peuple des faubourgs, Edouard Monnier ne renonçait pas à la double tâche, plus compliquée, de réveiller son troupeau, et de convaincre les incrédules.

En 1876, il y eut à Saint-Quentin des réunions de Réveil, présidées par M. Théodore Monod. Elles avaient été activement préparées. Edouard Monnier, toujours prompt à accueillir les inspirations nouvelles, avait été frappé par les idées de Pearsall Smith sur la sanctification. Il avait adhéré au mouvement qui s'était produit, sous l'influence de cet esprit élevé et enthousiaste, dans les Eglises de France. Il avait créé à Saint-Quentin un groupe de Mission intérieure qui travaillait à préparer un Réveil. On sait que Pearsall Smith, qui croyait à la possibilité, pour le chrétien, d'arriver à la sanctification parfaite, démontra lui-même son erreur d'une façon aussi pénible que retentissante. Edouard Monnier conserva cependant ce qu'il y avait de juste et de vrai dans les intuitions du fondateur du « mouvement ».

Par ses soins, Saint-Quentin eut part aux réunions qui se faisaient alors par toute la France, la Suisse, l'Alsace. M. Théodore Monod y passa huit jours, qui furent huit jours de bénédiction pour l'Eglise.

L'année suivante, Edouard Monnier désira étudier en Angleterre, dans son milieu d'origine, ce mouvement religieux. Il garda un souvenir ineffaçable des réunions de Tottenham, qui avaient lieu en plein air, sous les arceaux de verdure du parc de Lady Cooper. Autour de Lady Cooper, tous les cœurs se sentaient rapprochés. Dans son ministère de charité, elle rappelait les saintes d'autrefois.

Les ambitions spirituelles du pasteur de Saint-Quentin grandissaient avec les années. Elles semblaient de plus en plus justifiées. C'était une grande époque. Il passait sur la France un souffle de printemps. Après les désastres subis, tout renaissait à l'espoir. La guerre semblait avoir dissipé l'influence odieuse du matérialisme, et réveillé le sentiment religieux qui s'endormait. Ce fut d'abord une sorte de renaissance catholique ; puis, en réaction contre le catholicisme, une renaissance des idées spiritualistes, combinées avec le libéralisme politique. Tout naturellement, le protestantisme apparaissait comme l'arche de salut à tous ceux qu'effrayait le retour offensif des superstitions catholiques. Edouard Monnier savait interpréter les « signes des temps. » Il aperçut le rôle que le protestantisme était appelé à jouer dans la démocratie française ; et, avec son optimisme, qui était robuste, avec sa vaillance, qui était inébranlable, il se jeta dans la mêlée. Car il croyait fermement à la mission providentielle de la France, et que Dieu la destinait à faire triompher dans le monde la cause du pur Evangile. « Notre race, disait-il (1), est mieux douée qu'aucune autre pour la propagande. C'est par elle d'abord que l'incrédulité et les idées subversives qui en sont la conséquence se sont répandues au loin. C'est chez elle aussi que le catho-

____

(1) Dans le rapport qu'il présenta à l'Assemblée générale de la *Société du Nord,* en 1894.

licisme romain recrute ses missionnaires et ses plus fermes soutiens. Aussi les chrétiens français doivent-ils considérer qu'en travaillant pour leur Église, ils le font au profit du monde chrétien, et cette assurance devrait décupler leur énergie. »

Edouard Monnier avait tout ce qu'il fallait pour agir utilement. C'était un républicain de la veille. Il n'était pas encore étudiant, qu'il acclamait la Révolution de 48. Sous l'Empire, il fut un opposant irréductible, alors que la France entière acclamait l'Empereur, alors que sa propre famille se trouvait portée jusque sur les marches du trône. Il était un admirateur de Thiers, et il croyait à Gambetta. Il avait salué la République comme la libératrice du pays. C'était l'aube de la justice et de la fraternité qui se levait. Adversaire du Seize Mai, il avait foi dans la République des Jules Simon, des Dufaure, des grands libéraux spiritualistes. On ne pouvait le soupçonner d'idées rétrogrades. On le savait démocrate dans l'âme. L'instruction primaire n'avait pas de plus ardent propagateur. Il y voyait le remède provisoire à tous les maux de la France. La diffusion de l'instruction primaire, selon lui, préparait le triomphe définitif de l'Evangile. A côté de toute église, il voulait avoir une école. Il fit ainsi à Fresnoy, à Grougis, à Belleville. A Saint-Quentin, il trouva une Ecole protestante qui existait depuis 1828 (1).

____

(1) Elle était communalisée depuis 1866.

Il s'intéressa vivement à son progrès. Le 21 août 1878, il prononçait à la distribution des prix de cette école un discours remarquable, qui fut imprimé et répandu comme brochure de propagande.

Il se félicitait tout d'abord de voir les aspirations libérales des protestants si franchement secondées, en France, par un gouvernement, à Saint-Quentin, par une municipalité, « qui les partagent ardemment, et qui font tout ce qui est possible pour y répondre ».

« L'instruction de la jeunesse, déclarait-il, est la base de toutes les institutions d'un pays libre ; nous lui devons toute notre sympathie comme citoyens. Je désire rappeler que, comme chrétiens évangéliques, nous lui devons un intérêt plus profond encore et plus élevé, puisqu'elle est une des conditions nécessaires à l'existence même de notre Eglise. »

Il montrait d'abord comment le rôle de la Bible, dans la piété protestante, nécessite un certain niveau d'instruction, puis il disait : « La nature même de la religion chrétienne évangélique lui impose l'obligation de procurer à ses membres une instruction et une éducation libérales. Ce qui la distingue en effet de toutes les autres, c'est qu'elle ne cherche pas à obtenir une adhésion extérieure à ses doctrines, mais à produire des convictions personnelles et réfléchies. Son but n'est pas de voir ses membres soumis à un ensemble d'idées parfaitement arrêtées sur tous les points,... mais bien au contraire, de former partout des hommes libres, pénétrés des principes vivifiants de l'Evangile, et capables d'en démontrer l'excellence par leur vie. »

Après avoir exécuté une charge à fond de train contre l'éducation cléricale et ses méthodes, il ajoutait :

Ce que nous avons encore à désirer, c'est que l'instruction devienne absolument générale, et que, pour atteindre ce but, la loi la rende obligatoire... C'est là une nécessité sociale. L'existence même d'une société implique celle de lois qui assurent sa conservation et qui ne restreignent la liberté de chacun que pour garantir celle de tous. La condition la plus sûre de cette liberté se trouvera dans les mesures prises pour procurer une instruction suffisante à chaque citoyen. Le pays qui néglige d'y pourvoir est aussi coupable que les parents qui, sous prétexte de ne pas gêner la liberté de leurs enfants, ne les contraignent pas à s'instruire...

Edouard Monnier appuyait ces vues d'une forte citation de Luther, et il concluait ainsi : « Ces principes pénètrent peu à peu dans notre pays, et bientôt, sans doute, ils y seront appliqués d'une manière complète. Mais... il faut que chacun apporte sa part d'efforts à l'œuvre de l'instruction nationale... Il faut que tous s'unissent pour former une sainte ligue contre l'ignorance. Et nous aurons le bonheur de voir nos institutions libérales s'affer-

mir, et préparer à notre pays un avenir de paix et
de prospérité. »

Les espérances formulées dans ce discours ne
devaient pas se réaliser. Dès 1881, la réaction jaco-
bine commençait. A la rentrée de 1882, l'école
protestante de Saint-Quentin, qui avait fourni un
tel appui à l'Eglise, était laïcisée. Bientôt, la con-
currence des écoles officielles devait affaiblir les
écoles de Fresnoy et de Grougis. Edouard Monnier
eut la tristesse de voir se fermer, durant les dernières années de son ministère, plusieurs de ces
écoles protestantes du Nord, sur lesquelles il avait
fondé tant d'espoir. Il fut cependant, jusqu'à la
fin, un fidèle ami de la Société pour l'encouragement de l'Instruction primaire, et chaque année,
il prenait la parole à l'Assemblée générale de
cette œuvre si digne de sympathie et d'affection (1).

Entre 1876 et 1880, on n'apercevait pas encore
les périls qui devaient menacer la liberté religieuse.
On ne voyait que la République idéale, la démocratie pacifique, tolérante, et on ne concevait pas
qu'une démocratie pût subsister sans un idéal reli-

(1) En 1878, M. Félix Vernes le priait de lui communi-
quer, pour l'impression, le discours qu'il avait prononcé à
l'Assemblée générale de la Société. « Les faits que vous
avez si bien exposés, disait-il, ont fait une grande impression sur les membres du Comité, et nous croyons qu'il
serait extrêmement utile de les faire connaître. » Ce discours fut en effet inséré dans le rapport qui fut distribué
à l'Exposition.

gieux. Edouard Monnier eut l'idée d'appeler dans son temple le grand public. Il annonça des conférences sur Luther et la Réformation. Le temple fut comble. Il appela les conférenciers de la Mission intérieure : MM. Fourneau et Réveillaud. Ils eurent, eux aussi, un grand succès. Il fit plus : il sortit du temple. Il accepta l'invitation du Cercle républicain, qui lui demandait une conférence. Il parla sur « Abraham Lincoln », et l'éloge enthousiaste qu'il fit de cette démocratie américaine fondée sur l'Evangile, fut applaudi par une foule étrangère à toute préoccupation religieuse, et qui contenait des éléments hostiles jusqu'alors au christianisme.

Dans cette période d'enthousiasme, il crut au triomphe prochain de l'Evangile. C'est alors que, passant devant l'antique collégiale avec un de ses amis, il lui dit avec son bon sourire : « Peut-être que je prêcherai un jour dans cette cathédrale ! »

Edouard Monnier ne borna pas son activité de conférencier à Saint-Quentin. Il se porta sur tous les points de la contrée où des mouvements religieux se faisaient pressentir. Il se rendit à Montdidier, où il donna ses trois conférences sur Luther. On lui avait offert le théâtre : il l'accepta. Quand il parut sur la scène, le théâtre était plein à déborder, jusqu'aux dernières galeries. A la fin de sa troisième conférence, il fut rappelé plusieurs fois de suite par d'interminables ovations. On aurait pu croire que toute la ville allait adhérer au protestantisme. Hélas ! les bourgeois de Mont-

didier, en rentrant chez eux, déclaraient « que ce
monsieur parlait très bien, et qu'il avait bien raison ; mais que, tout de même, ils ne changeraient
pas de religion. » Le protestantisme ne parvint pas
à s'implanter dans Montdidier, et l'incomparable
succès des conférences sur Luther n'eut pas de
lendemain. Ce fut une des grandes déceptions de
la carrière oratoire d'Edouard Monnier. Cependant,
il n'en fut pas découragé. Il ne cessa de croire à
la vertu des conférences. « Je crois, écrivait-il le
17 février 1892, qu'il est essentiel que le protestantisme sorte de ses allures traditionnelles ; c'est
même pour lui une question de vie ou de mort. Le
tout est de savoir comment y arriver. La tentative
de Jean est quelque chose, nos réunions populaires
sont quelque chose, bien peu de chose, il faut que
nous soyons en mesure d'avoir des réunions pour
les gens instruits, des conférences qui sachent
intéresser le grand public. »

Vers 1880, on avait eu la pensée d'agrandir le
temple, d'y ajouter des galeries, tant le public aug-
mentait. En 1896, les mêmes espoirs se renouve-
lèrent. Il y avait eu en décembre une mission de
Jésuites, qui avait réveillé dans la population de
Saint-Quentin, d'habitude assez indifférente, les
préoccupations religieuses. Au cours de ces prédications de la cathédrale, lesquelles avaient été très
suivies, Luther en particulier et le protestantisme
en général avaient passé d'assez mauvais quarts
d'heure. La riposte ne se fit pas attendre. Edouard

Monnier fit annoncer dans les journaux de la ville une série de conférences sur Luther et la Réformation — ses conférences d'autrefois, mais rajeunies, transformées, complétées. Elles se terminèrent par un parallèle saisissant entre Luther et Loyola : Partout où règne l'esprit de Luther, c'est la liberté et le progrès ; où domine l'esprit de Loyola, c'est la servitude et la mort.

Puis, relevant avec hardiesse l'objection la plus forte des controversistes catholiques, et la retournant contre eux, Edouard Monnier fit une dernière conférence sur l'antiquité et l'unité des Eglises protestantes. L'antiquité : elles remontent à l'Evangile, et l'Evangile est antérieur à l'Eglise romaine. L'unité : leur fondement est un : c'est Jésus-Christ ; l'Eglise romaine n'est pas une, car ses dogmes ont varié.

Ces conférences reçurent un accueil très sympathique. Le public étranger au protestantisme remplit une fois de plus le temple. Les journaux de la ville publièrent des compte-rendus élogieux, notamment le *Guetteur*, l'organe de ces républicains libéraux avec lesquels Edouard Monnier resta toujours en sympathie. Un « moderne » tout à fait dépourvu d'attaches religieuses publia ses impressions dans un langage décadent qui ne manquait pas de saveur :

« Les conférences encore en cours au temple protestant, qui ont succédé et fait pièce aux sermons de la Basilique, nous ont ramené du pathétique insidieux de la chaire chrétienne à une discussion didactique et de bonne compagnie. Rue des Capucins, l'acte de foi canonique est à peine sensible, pas provocant, et n'excite aucunement les humeurs. Il s'enveloppe d'espèces laïques, d'apparences bourgeoises et universitaires. La salle, très lisse, est à peu près celle d'une école. Le ministre lui-même est une notabilité de la ville, en redingote et costume civil.

« Cependant... cet orateur très correct, du haut de sa tribune anodine, professe une doctrine étonnante, un fatalisme mystique et biblique, qui saisit l'âme, et donnerait la chair de poule, si, se changeant en aigle, on ne s'envolait loin de lui par dessus les montagnes.

« M. Monnier, comme Mécénas, est un galant homme. Forcé par son sujet d'exécuter le catholicisme et la Compagnie de Jésus, il l'a fait avec mesure et plein succès, en bourreau très moderne, un simple doigt sur le bouton. »

Le « moderne » se rappelait une conférence sur Julien l'apostat, faite par M. Jean Monnier « autrefois, » et il ajoutait : « M. Monnier est plus raisonneur et plus combatif, caustique même et bien portant. Ce qui n'est nullement pour diminuer son zèle et sa force évidente de pasteur. Loin de là, il vous récite le *Notre Père* avec une certitude durcie au feu, quelque chose d'analogue à l'aplomb, au brio, à l'entrain militaire de nos vieux curés dix fois chevronnés... On le voit inaccessible aussi dans les hautes branches de la foi. »

Tel était le langage d'un esprit hostile aux religions positives. D'autres, en grand nombre, approuvèrent sans réserve. Grâce au succès de ces conférences, Edouard Monnier put conserver jusqu'au dernier moment de sa carrière terrestre les espérances qui l'avaient soutenu durant cinquante années de travail.

V

Ce serait mal connaître Edouard Monnier que de voir en lui un agitateur de foules. Il ne mit son réel talent de conférencier qu'au service de l'Evangile. Il ne cachait point ses opinions politiques ; mais jamais le zèle avec lequel il remplissait ses devoirs de citoyen n'empiéta sur la large impartialité, sur la sérénité de la chaire chrétienne. Il lui arriva d'entretenir ses auditeurs, un dimanche d'élections, de leurs devoirs électoraux. Il le fit en des termes qu'aucun parti n'aurait pu désapprouver : ce fut un exposé de principes purement évangélique, simple et lumineux, qui faisait appel à la conscience, et qui s'en remettait à elle seule, comme au seul juge efficace des intérêts de la nation.

Personne mieux que lui ne sépara la religion de

la politique ; jamais il ne compromit l'Evangile dans
la lutte des partis. Et quand le premier magistrat
de France vint présider l'inauguration du monument de la défense de 1557, Edouard Monnier lui
adressa une allocution dont la sobriété extrême et
la dignité un peu fière contrastent singulièrement
avec la platitude déclamatoire qui caractérise or-
dinairement ce genre de littérature.

Nous sommes heureux, disait-il, de saluer respec-
tucusement en vous le chef de l'Etat, le représentant de
cette démocratie dont nous partageons les aspirations.
J'ose même dire que nous les avons devancées.

En face du monument que vous allez inaugurer, et
où Coligny occupe la première place, nous aimons à
penser que l'amour de la patrie, la dignité morale, la
fidélité au devoir, le dédain du succès, ont été le caractère de ce grand homme et celui de nos ancêtres.

Leurs vertus ont contribué à former le génie de la
France ; tous nos efforts tendent à les développer chez
ceux sur qui s'exerce notre influence. Nous prouverons
ainsi que les protestants d'aujourd'hui sont dignes de
leur passé, et nous travaillerons à la grandeur de notre
patrie.

Le « dédain du succès », voilà, en effet, ce qui
caractérisa toujours Edouard Monnier. Avant que
la République fut, il l'avait aimée et servie ; quand
les républicains furent au pouvoir, il se tint soigneusement à l'écart. Il n'avait pas dédaigné les
faveurs de l'Empire pour se jeter sur celles de la

République ; et cette curée à laquelle il assista durant les dernières années de sa vie produisit dans son cœur une désillusion qui alla presque jusqu'au dégoût. Mais il demeura fidèle à l'idéal de son enfance, et l'un des journaux qui annonçaient sa mort put écrire :

M. Monnier était comme tous ses coreligionnaires un républicain de la bonne école, de celle dont les adeptes désirent toujours voir mettre en pratique les principes de liberté, d'égalité, de fraternité, de solidarité, prêchés par le Christ, il y a dix-neuf cents ans.

Esprit élevé, droit, juste, très tolérant, il était de ceux qui veulent voir régner la paix, l'union, la concorde entre tous les citoyens.

On comprend que, dans ces conditions, Edouard Monnier ait conservé jusqu'au bout l'estime et l'affection de ses concitoyens. Dans cette ville si divisée par les contrastes sociaux et par les dissentiments politiques, il n'avait que des amis ; et, sauf lors de l'affaire de Vermand, où tout le monde lui donna raison, il ne fut jamais l'objet d'aucune attaque. Les travailleurs socialistes qu'il visitait l'entouraient de la même affectueuse estime que ses collègues de la *Société Académique*, pour la plupart magistrats et fonctionnaires retraités, très pénétrés de l'esprit conservateur. Ces hommes, qui formaient l'élite intellectuelle de Saint-Quentin, le nommèrent sept fois président de leur Compagnie. Il y entra dès les débuts de son ministère, et il fit très rarement défaut aux séances, durant quarante années, écoutant avec un égal intérèt un mémoire d'histoire locale ou la monographie d'un cimetière mérovingien. Si quelquefois le sommeil le gagnait, — auquel il était sujet comme tous ceux dont les journées se passent au grand air, — ses collègues supportaient cet accident avec une bienveillance souriante. Il aimait la Société Académique ; il en comprenait l'utilité, lui qui avait vu de près, en Lorraine, ce que peuvent des institutions semblables pour conserver à la vie provinciale son autonomie, et pour enrichir le génie de la France. Dans ses allocutions présidentielles, prononcées aux séances publiques de la Société, il est revenu souvent sur cette idée qui lui était chère :

N'est-il pas de plus en plus nécessaire de lutter contre l'effacement progressif des caractères ? Et, tandis que l'on voit dans les villes modernes tout cachet particulier disparaître dans la monotonie croissante des constructions et des mœurs, ne faut-il pas chercher à reconquérir, par le développement intellectuel, une originalité d'une nature plus précieuse et plus durable, qui leur donne quelque chose de cette vie propre que nous admirons dans les cités antiques ?

C'est ainsi que serait obtenue cette décentralisation, condition de vie et de liberté, que tous réclament, mais qui doit pénétrer dans les mœurs publiques avant de trouver place dans les institutions nationales. Les moyens artificiels sont insuffisants pour nous la donner, mais elle serait le résultat naturel d'efforts persévérants faits dans chaque ville pour rassembler, retenir et développer les forces intellectuelles et morales (1).

En 1877, il insistait sur les services rendus à la science par les sociétés locales :

Personne ne peut regretter que nous possédions un foyer où les aspirations nationales trouvent leur expression la plus parfaite, et duquel puissent jaillir des lumières toujours renouvelées. Mais chacun doit désirer qu'il s'établisse entre ce point central et la nation tout entière un échange continuel de pensées et d'expériences, et que la vie accumulée au centre puisse refluer constamment jusque vers les extrémités. Les sociétés savantes des départements ont pour mission de travailler à activer cette circulation de vie intellectuelle et morale... Leur tâche est double. A une époque où l'observation tend à prendre dans tous les domaines la place qui a été trop longtemps laissée à la théorie, elles recueillent d'abord les observations qui font chaque jour faire à la science de nouveaux progrès.

C'est grâce à ces travaux que se développe la météorologie, science en partie récente, et appelée à rendre de si grands services à l'agriculture et à la navigation ; que la paléontologie multiplie ses découvertes, qui permettent de connaître avec plus de certitude l'histoire de notre globe, et apportent de nouvelles lumières à l'étude de la botanique et de la zoologie, et même à celle des premières origines de l'humanité. C'est par

(1) Séance publique du 3 juillet 1870.

ces recherches que l'archéologie préhistorique... commence à nous révéler des époques dont, il y a peu de
temps encore, on soupçonnait à peine l'existence. En
même temps, l'archéologie fait revivre peu à peu les
coutumes des peuples anciens et des générations qui
se sont succédé sur notre sol. Il en est de même de
toutes les autres sciences naturelles et historiques.

Enfin, en 1891, énumérant les travaux de la
Société, il concluait en ces termes :

Voilà bien des choses utiles faites par cette société,
mais son but principal est toujours de chercher à
développer tout ce qui peut contribuer à la culture des
esprits, et c'est en cela que consiste sa plus grande
utilité. Etudier d'une manière désintéressée, en dehors
de tout intérêt immédiat, c'est le moyen de fortifier la
pensée, et de préparer les progrès qui répondent aux
diverses situations par lesquelles passe la société
humaine. Les idées élaborées dans le recueillement par
les hommes d'étude arrivent à déterminer des vues
communes, qui, exprimées d'abord d'une manière
insuffisante, n'en mettent pas moins les esprits en
mouvement. Puis il se trouve des hommes de talent
qui donnent à ces pensées encore confuses une forme
plus claire et plus achevée, et qui en trouvent l'expression définitive. Elles agissent alors sur les masses,
préparent les mouvements de l'opinion, puis descendent dans l'arène des discussions publiques, et finissent par modifier les habitudes ou les institutions du
pays. C'est ainsi que le fleuve majestueux qui roule ses
flots vers la mer emprunte toute sa force aux faibles

sources des montagnes, dues, elles-mêmes, aux vapeurs à peine visibles qui se sont réunies pour former les nuages.

Quand ces nuées cesseront de s'élever, notre terre deviendra un monde glacé et mort. Et si jamais le travail de la pensée fait défaut dans une partie de l'humanité, ce ne sera plus, comme la Chine, qu'une société impuissante et figée dans des coutumes et des institutions immuables.

Notre pays est moins exposé que jamais à tomber dans ce mal, mais c'est grâce à la vie intellectuelle qui y est partout répandue.

Notre but est de continuer, pour une part, à l'entretenir, et d'être au moins une de ces légères vapeurs qui préparent la pluie bienfaisante destinée à répandre partout la fécondité et la vie.

On le voit : Edouard Monnier comprenait admirablement le but de la Société Académique. Il y croyait profondément. Il a fait tout ce qui était en lui pour encourager les efforts de cette association qui a lutté avec tant de vaillance, depuis près d'un siècle, contre la centralisation envahissante. Et il n'est pas d'hommage mieux mérité que celui que M. Emmanuel Lemaire, le distingué président de la Société Académique, est venu apporter sur sa tombe :

Esprit curieux et synthétique, il aimait à se tenir au courant du progrès des connaissances humaines, et préférait l'étude de leur ensemble à des travaux d'ordre plus spécial, qui ne pouvaient donner satisfaction à ses tendances philosophiques et généralisatrices.

Aucune parole ne rendra un témoignage plus sincère et plus ému que le nôtre au souvenir de cet homme de bien, libéral, tolérant, au cœur simple et bon, qui eut tout notre respect et toute notre affection.

VI

En définitive, Edouard Monnier eut à Saint-Quentin un ministère très complet. Il sut, en toute occasion, faire respecter son caractère et honorer l'Evangile. Nous dirons plus loin quels furent les côtés faibles de l'activité pastorale, telle qu'il la comprenait, et nous ne chercherons pas à les atténuer, car cette étude ne doit rien avoir d'un panégyrique. Mais ce que nous pouvons bien dire, c'est que l'Eglise de Saint-Quentin fut pendant son ministère une véritable famille, et qu'elle devait pour une grande part ce caractère à l'affection égale, à l'esprit de tolérance et de paix de son pasteur. Elle se sentait aimée. Cet amour fit un miracle. Edouard Monnier, qui avait toujours dans les yeux les horizons charmants de sa Lorraine, s'attacha au pays de Saint-Quentin, et l'aima jusqu'à le trouver beau. Une de ses paroissiennes, comme on critiquait devant elle la nature saint-quentinoise, répondit : « Vous n'êtes pas comme M. Monnier.

Il avait vu du pays, et pourtant, il aimait Saint-
Quentin. » C'était vrai : il était depuis l'origine,
comme l'a dit un journal de l'endroit, pour qui
c'était le suprème éloge, « un véritable Saint-Quentinois ». Il avait fini par envisager la nature de la
même façon qu'il envisageait l'Eglise, et, avec cette
divine clairvoyance de l'amour, il savait en discerner les beaux côtés, et les mettre en pleine lumière.
Il trouva du charme à cette contrée mélancolique,
il aima cette ville sans beauté ; et, parce qu'il y faisait du bien, il y fut heureux.

CHAPITRE VI

L'ÉVANGÉLISATION DU NORD

On a appelé Edouard Monnier « l'apôtre du Nord ». Nous verrons dans quelle mesure ce titre glorieux a été mérité. Mais de toute manière, il serait profondément injuste d'oublier tout ce que le Nord doit au doyen du protestantisme français contemporain, à l'homme qui représente si dignement ses principes de tolérance et son esprit de conquête, à M. Louis Vernes. Dans ces souvenirs, nous évitons de parler des vivants, mais M. Vernes est de ceux dont on n'a pas besoin d'attendre, pour honorer leur nom, que ce nom soit entouré de l'auréole du passé. Il a été, avant Edouard Monnier, l'apôtre du Nord. Il a fondé cette « Société du Nord », qui devait être si chère au cœur d'Edouard Monnier. L'activité de M. Vernes à Nauroy date de 1841, et dès le 15 novembre 1842, la *Société chrétienne du Nord* était créée par ses soins. Elle se rattacha dès l'origine à la *Société chrétienne de France*, dont le siège était à Bordeaux. Elle avait pour président M. Coste, d'Arras. M. Vernes s'était discrètement réservé le poste de secrétaire-trésorier, mais il était bien le rouage essentiel de la nouvelle organisation.

Le but de la Société était énoncé par M. Vernes dans son premier rapport : « Rendre le ministère des pasteurs plus efficace, en le rendant plus complet, par des secours qu'il serait urgent de leur apporter, notamment pour la visite des protestants disséminés, faciliter la fondation d'écoles et d'autres établissements de charité chrétienne, distribuer et propager les livres saints et les livres religieux, saisir, en un mot, les moyens divers que Dieu mettra à notre disposition, et que nous croirons propres à vivifier nos Eglises. »

La Société se composait des pasteurs du Nord, du Pas-de-Calais, de la Somme et de l'Aisne, au nombre de douze, et de plusieurs laïques. Ses recettes s'élevaient à 7.530 francs, ses dépenses à 8.015 francs. Comme toute société religieuse digne de ce nom, elle affirmait dès sa naissance son utilité par un déficit.

Ses débuts furent modestes : elle subventionnait une école à Levergies ; elle employait un colporteur à Saint-Quentin ; mais surtout, elle avait pris à sa charge l'orphelinat d'Achicourt, qui depuis fut transféré à Lemé.

Cependant, dès 1846, un mouvement se produisait dans la population de Crèvecœur, près de Cambrai. Bientôt, une église y était organisée, et se trouvait pourvue d'un temple et d'une école. En 1849, une prédication de M. Vernes à Montbrehain provoquait le mouvement de Fresnoy, et cette église était fondée, où Edouard Monnier devait débuter dans le ministère. C'est donc à Louis Vernes que le Nord a dû Edouard Monnier.

En 1851, M. Vernes quittait le Nord, après avoir rattaché la Société du Nord à la *Société Centrale*, qui venait de se fonder, la Société de Bordeaux ayant disparu. Ce rattachement, d'ailleurs, laissait intacte l'autonomie de la Société du Nord, qui conservait son nom et son organisation.

Il y eut ensuite une période de transition et de calme développement dans l'œuvre du Nord.

Dès son retour dans la région, Edouard Monnier prenait en main la direction morale de la Société. Nommé secrétaire en 1860, il travailla dans un accord constant avec le président, M. Ferdinand Walbaum, homme d'une piété éprouvée, qui était son ami, et qui avait une pleine confiance en son initiative.

D'autre part, il rencontra des collaborateurs précieux, tels que M. Goulden, le vénéré pasteur de Sedan, qui ne lui refusèrent pas leur concours financier, lorsqu'il fallut aller de l'avant. Il put dès lors donner libre carrière à ses instincts de conquête, et le Nord ne tarda pas à se couvrir d'un réseau de postes d'évangélisation, qui affirmaient la main-mise du protestantisme sur cette région si bien faite pour le comprendre, et où naguère il était si florissant.

La Société du Nord avait annexé à son domaine, dès 1853, la Marne et les Ardennes; en 1881, elle y engloba la Meuse; en 1882, Meurthe-et-Moselle et les Vosges.

A l'origine, l'œuvre servait principalement à la visite des protestants disséminés et à la desserte des Eglises trop vastes. Un détail suffira à donner l'idée du degré de dissémination des protestants à cette époque : le département de la Somme, tout entier, ne formait qu'une seule paroisse.

La Société du Nord pourvut aux besoins spirituels des disséminés, par la création des postes de Cambrai, Dunkerque, Le Cateau, Valenciennes, Douai, dans le Nord; Boulogne, dans le Pas-de-Calais; Amiens, dans la Somme; Châlons, Epernay, dans la Marne; Bar-le-Duc, Verdun, dans la Meuse; Epinal, Raon-l'Etape, Remiremont, dans les Vosges (1).

Les pasteurs des grandes villes pliaient sous la tâche. Il fallait leur donner des auxiliaires. A Lille, à Roubaix, à Saint-Quentin, les progrès de l'industrie appelaient une population ouvrière qui modifiait le caractère de ces Eglises : à cette tâche

______

(1) Actuellement plusieurs de ces postes sont reconnus par l'Etat : Amiens, Dunkerque, Le Cateau, Valenciennes, Châlons, Boulogne.

nouvelle, il fallait des méthodes nouvelles et des hommes nouveaux. La Société du Nord y pourvut. Elle créa un poste à Roubaix-Croix, un à Lille, un à Saint-Quentin.

Mais lorsqu'Edouard Monnier prit en main la direction de la Société du Nord, l'œuvre qui lui fut chère entre toutes et qu'il fit prédominer, ce fut l'œuvre d'*évangélisation* proprement dite.

Nous l'avons vu au travail à Grougis. Ç'a été sans doute sa plus belle conquête, et celle où il a pris la part la plus directe. Mais elle a été suivie de beaucoup d'autres.

En 1860, le poste de Maubeuge fut créé.

En 1872, Troissy, village entièrement catholique, demandait un pasteur, sur l'initiative d'une femme qui avait appris à connaître le protestantisme en remplissant les fonctions de nourrice dans une famille de pasteur, à Paris.

La Société du Nord s'empressa de répondre à la demande des gens de Troissy, dont la plupart se montrèrent sympathiques à l'Evangile.

En 1881, Edouard Monnier profitait d'un séjour de bains de mer qu'il faisait à Mers pour organiser des réunions à Escarbotin, sous la conduite d'un « taupier » qui lui avait signalé les besoins religieux de cette localité. A Escarbotin même, ces conférences eurent peu de résultat; mais dans le village voisin de Feuquières, Edouard Monnier reçut l'accueil le plus sympathique.

Sur ces plateaux de Picardie, entre la Bresle et

la Somme, il y a des populations intéressantes, très intelligentes, adonnées à la serrurerie d'art, et par là même émancipées des routines qui empêchent habituellement les habitants des campagnes d'adhérer au protestantisme. En général, les familles y sont indépendantes et aisées. L'esprit est assez avancé, et un peu frondeur, sympathique toutefois aux idées religieuses. C'était un excellent terrain pour l'évangélisation.

M. Hardy, de Dieppe, s'en était assuré : il avait préparé le terrain par des conférences ; mais il ne pouvait, de si loin, suivre utilement l'entreprise.

Edouard Monnier, ayant reconnu les bonnes dispositions des gens de Feuquières, se décida à y fonder une église, qu'il dota d'un temple. L'œuvre de Feuquières fut longtemps florissante. Elle a périclité en ces dernières années, un peu par le déclin de l'industrie du pays, et aussi par d'autres raisons.

En 1882, des perspectives nouvelles s'ouvrirent à l'évangélisation. Un rapport de M. Cleisz, alors pasteur à Saint-Omer, avait signalé les dispositions favorables des populations du bassin houiller du Pas-de-Calais, et cela, sur la foi des colporteurs qui avaient fait des tournées dans ces régions. Edouard Monnier s'y rendit en personne. Il reconnut que les colporteurs n'avaient rien exagéré. Il organisa dans les corons de Liévin des réunions dont le succès justifia l'appel d'un évangéliste. Puis il fallut élever un temple et un presbytère.

En 1885, Edouard Monnier crut devoir dédoubler
l'œuvre, en créant un poste nouveau à Hersin-
Coupigny. Ce n'était encore que le début. L'agitation gagnait de proche en proche. A chacune de
ses tournées, Edouard Monnier visitait quelque
localité nouvelle pour y tâter le terrain. En 1888, il
fondait le poste d'Hénin ; en 1890, celui de Beuvry,
qu'il fallut abandonner quelques années plus tard,
mais qui fut remplacé par celui de Lens.

L'arrivée à Hénin-Liétard de M. Boissonnas
marqua une période nouvelle dans l'histoire de
cette évangélisation du pays minier. Il nous est
difficile, pour des raisons que l'on comprend, de
dire ici tout ce que l'évangélisation du Nord doit à
M. Boissonnas ; mais il faut bien rappeler que
l'œuvre de Sin-le-Noble, qui est devenue « le plus
beau fleuron » de la Société du Nord, a été
son œuvre personnelle. C'est du moins le mérite
d'Edouard Monnier, d'avoir appelé sur cet admirable champ de travail du pays noir un homme
tel que M. Boissonnas, et de lui avoir donné
constamment, dans les conseils de la Société,
l'appui de sa parole et de son autorité morale.

La propagande protestante a trouvé dans ces
milieux un terrain exceptionnellement favorable.
Edouard Monnier s'en est d'emblée rendu compte,
et il a aimé par dessus tout ces œuvres du Pas-de-
Calais (1), si riches de promesses. Il se sentait

____

(1) Et du Nord : car, contrairement à l'opinion répandue

réchauffé par la cordialité, la confiance, l'enthousiasme même que les mineurs témoignaient à ceux qui venaient leur annoncer l'Evangile. Il voyait déjà le « pays noir » tout entier soulevé par un immense réveil. Et en effet, les premiers résultats étaient faits pour encourager tous les espoirs. Toujours en face de la mort, et par là même sentant la nécessité d'avoir une espérance, les mineurs souffraient de la sujétion où les tenait le catholicisme ; leur cœur n'était pas intéressé dans cet ensemble de rites dont ils ne comprenaient point la portée. Ils étaient d'ailleurs abandonnés ; personne ne s'occupait de leur âme, personne ne leur témoignait d'affection ; plus déshérités que d'autres, ils étaient plus sensibles au message d'amour de l'Evangile ; et comme, pour la plupart, ils étaient séparés de leur pays d'origine, ils n'avaient pas à faire les mêmes efforts et à briser les mêmes liens que d'autres pour adhérer au protestantisme.

Quand ils entendaient parler de l'Evangile, ces hommes qui souffraient de la vie, c'était une lumière qai se levait sur eux. « Nous étions dans les ténèbres, maintenant nous voyons », cette parole d'une femme de mineur traduit l'expérience qui fut celle de quinze cents âmes, durant ces années héroïques — 1882-1892 — où se fondèrent,

parmi les souscripteurs de nos œuvres d'évangélisation, Sin-le-Noble n'est pas situé dans le Pas-de-Calais.

parmi des résistances de toute sorte, qui parfois
dégénérèrent en de véritables persécutions, les postes du bassin houiller.

Edouard Monnier aimait les mineurs. Il se sentait parfaitement à l'aise dans ces corons où bour-
donne incessamment une population bruyante et
pauvre. Là, il entrait dans quelque cuisine, se
chauffait un instant près du poêle, en causant avec
les gens de la maison ; puis les voisins et amis se ras-
semblaient ; on chantait un cantique ; et il prenait
la parole, campé contre la cheminée, avec une soli-
dité, qui, ainsi qu'on l'a dit fort justement, faisait
de suite comprendre qu'il venait fonder une œuvre
définitive. Il parlait avec chaleur, avec autorité,
avec joie ; ensuite, il serrait la main de tous ses
auditeurs, qui se sentaient aussitôt ses amis. Il
faisait ainsi chaque soir, et plusieurs fois dans la
journée, si besoin était. Il y avait en lui des réserves
inépuisables d'énergie. Quand il arrivait chez ses
agents, toujours à pied, souvent couvert de boue,
avec sa sacoche bourrée de traités qu'il portait
sans effort, il leur disait : « Taillez-moi de la besogne », et si largement qu'ils la lui taillaient, il ne
trouvait jamais qu'il y en eût trop.

Grâce à lui, cinq Eglises ont été fondées, qui ont
reçu jusqu'ici deux mille prosélytes. De ces succès,
toute l'activité missionnaire du Nord a ressenti le
contre-coup bienfaisant.

Sans doute, les difficultés sont venues. La pression des Compagnies a fait fléchir des convictions

qui paraissaient solides; le Credo socialiste a remplacé l'Evangile chez un certain nombre de travailleurs jaloux de leur indépendance, qui étaient devenus protestants par réaction contre le catholicisme, plus que par l'intention profonde de se consacrer à Dieu. Mais, malgré ces retours en arrière, l'œuvre du bassin houiller suit encore l'impulsion que lui avait donnée la main vigoureuse d'Edouard Monnier, et la fondation de l'Eglise d'Aniche en a donné récemment la preuve.

L'histoire des œuvres du Pas-de-Calais nous fait comprendre dans quel sens Edouard Monnier a pu être appelé « l'apôtre du Nord ».

D'une part, il a exercé les fonctions d'un véritable évangéliste, en allant de lieu en lieu prêcher l'Evangile. De l'autre, il a dirigé la propagande évangélique, en lui fournissant les ressources nécessaires en hommes et en argent.

Comme administrateur, il avait de grandes qualités, et aussi les défauts de ses qualités.

C'était à la fois un soldat et un mystique. Il avait une stratégie très spéciale. Examinant la carte d'une région, il discernait de suite les points qui commandaient le reste du pays, les centres où il fallait s'établir solidement, pour rayonner ensuite sur toute la contrée, et il demandait qu'on les occupât sans tarder. C'était la part du soldat. Mais alors intervenait le mystique, et son intervention dérangeait fréquemment ces combinaisons savantes. Il avait pour principe que l'Evangile ne pouvait s'imposer, qu'il fallait entrer par les portes qui s'ouvraient, mais qu'il ne fallait pas chercher à forcer les portes qui restaient fermées. Attendre l'heure de Dieu, c'était, en matière d'évangélisation, sa règle absolue. Les œuvres réussissent, disait-il, là où il y a une étincelle de vie. Il suffit d'un vrai chrétien dans un endroit quelconque, pour qu'une œuvre s'établisse. Mais il est inutile d'aller là où l'on n'est pas attiré par la présence de quelques vrais chrétiens. On dit : Voilà un grand centre ; il faut y aller. On y va, et on n'y fait rien.

Aussi cet homme qui paraissait diriger s'est-il, en réalité, laisser diriger par les événements. Il laissait les appels arriver. Il avait l'œil ouvert, attentif à discerner les moindres signes d'un appel divin, mais il attendait.

De là vient l'opposition qu'il fit à certaines œuvres que le sens commun conseillait d'entreprendre ; de là vient aussi qu'il ait appuyé d'autres tentatives, qui ne se justifiaient nullement par des raisons stratégiques. Il s'est quelquefois trompé — rarement ; et jamais il n'a refusé de s'éclairer. Des œuvres même auxquelles il s'était opposé d'abord parce qu'il n'y voyait pas le doigt de Dieu, n'ont pas eu dans la suite de plus ferme soutien que lui. Enfin, il faut ajouter une indication que M. Lacheret, dans le *Journal de l'Evangélisation*, a très délicatement notée : entre ces enfants de sa tendresse, il réservait le meilleur de son affection pour le dernier-né.

Dans les délibérations de la Société du Nord, il paraissait autoritaire, et il le fut quelquefois, surtout à l'époque où il se vit obligé d'accepter la présidence effective du Comité.

A la mort de son vieil ami M. Walbaum, les fonctions présidentielles avaient été confiées à M. Krug. Au bout de quelques années, M. Krug déclina cette charge, qu'il avait exercée avec autant de fermeté que de dévouement. Malgré toutes ses instances, Edouard Monnier ne put le faire revenir sur sa décision. Il apparaissait dès lors comme le seul président possible, et il avait été trop longtemps secrétaire-trésorier pour ne pas être un peu tout à la fois : président et secrétaire, et même quelque peu trésorier, malgré que la trésorerie eût été confiée à son ami M. Debaralle, qui aux qualités du parfait administrateur joignait, chose trop rare pour n'être pas relevée, un esprit véritablement missionnaire. Ce cumul de fonctions avait pour conséquence naturelle une sorte de monopole. Puis, Edouard Monnier avait sur les œuvres des convictions qui se fondaient moins sur des observations que sur un sentiment intime, et qui étaient par là même irréductibles. Parfois, les débats s'échauffaient. Alors, il jetait aisément son veto dans la balance. Et en un sens, comme l'a dit son collaborateur M. Boissonnas, on ne pouvait guère l'en blâmer : « Qui connaissait l'œuvre mieux que lui, ou seulement comme lui ? »

S'il se voyait obligé de céder, il n'abandonnait

pas son idée, il y revenait avec un doux entêtement, et n'avait de cesse qu'il n'eût obtenu gain de
cause.

Mais il était bien rare que les discussions dégé-
nérassent en conflits. En général, tout était déjà
fait quand le Comité entrait en séance, et il n'avait
plus qu'à donner son assentiment à des mesures
irrévocables. C'était là le principal reproche qu'on
faisait à Edouard Monnier. Il allait de l'avant, sans
consulter son Comité, et comme il était admirablement doué pour ce genre d'initiatives, ses décisions
étaient en général de telle nature, qu'on ne pouvait
que les approuver.

Mais il y a toujours dans les Comités de nos œuvres un certain nombre de membres qui s'imaginent
que leur rôle ne consiste pas purement et simplement à approuver ; ils croient devoir prendre aussi,
de temps à autre, une décision. Et de cela encore,
a-t-on le droit de les blâmer ?

En somme, il y avait là un excès d'initiative
dont on souriait plutôt que de se fâcher. Les affaires de la Société n'en allaient que mieux. Edouard
Monnier procédait un peu militairement ; mais on
savait qu'il était né chef, et qu'il fallait le prendre
comme il était, d'autant qu'on n'aurait pu se passer de lui. Et après avoir rompu quelques lances,
on achevait les discussions dans des repas qui,
pour être très simples, n'en étaient pas moins
agréables, étant assaisonnés de bonne humeur et
de fraternité chrétienne.

Au reste, Edouard Monnier n'avait rien d'étroit, ni d'exclusif : et on le voyait bien dans ses rapports avec les agents de la Société. Il était d'avis qu'il fallait laisser certaines expériences se faire ; il consentait qu'on essayât des méthodes qui n'étaient pas les siennes, toujours prêt à s'y rallier, au cas où elles donneraient des résultats évidents. Il observait beaucoup, et conseillait plutôt qu'il ne dirigeait. Il encourageait toutes les manifestations de vie. Il avait un faible pour les travailleurs ; il estimait qu'il était beaucoup plus nécessaire de stimuler les hommes que de les retenir. Il n'était sévère que pour ceux de ses agents qui aimaient trop leurs aises : s'il ne refusait jamais à ses collaborateurs les subventions nécessaires au progrès de leurs œuvres, il se montrait parcimonieux en matière de frais de déplacement. Il admettait à la rigueur qu'on recourût au chemin de fer ; mais il était irrémédiablement hostile à l'usage des voitures. Ne donnait-il pas, dans ses tournées, un exemple constant d'énergie et d'économie? Les « jeunes » n'avaient qu'à l'imiter.

Il avait d'ailleurs pour eux des égards touchants. Il respectait merveilleusement leur individualité. Il leur laissait une responsabilité très étendue. M. Boissonnas lui a rendu ce témoignage qui emprunte à l'autorité de son auteur un prix tout spécial : « Le même homme qui écartait avec une brusquerie toute militaire les objections, combien n'était-il pas respectueux du caractère et de l'individualité de tous les agents placés sous sa direction ? Ah ! ce ne sont pas ceux-là qui pourront jamais dire que le président de la Société du Nord a abusé de son autorité vis-à-vis d'eux : il en est plus d'un, au contraire, qui a pu se plaindre de la trop grande responsabilité qui lui était laissée. »

Avant tout, il entretenait avec eux les relations les plus cordiales, sans jamais leur faire sentir la moindre distance, s'entretenant avec eux de tout ce qui touchait à l'avenir du règne de Dieu en toute confiance et amitié. Il était leur ami, et l'ami de leur œuvre. Il prenait la défense des postes que les partisans des sages économies voulaient supprimer. Il espérait contre toute espérance, et il fallait qu'une œuvre fût réduite à néant, pour qu'il se résolût à prononcer sa condamnation — tant il craignait de faire de la peine à ses agents, tant il croyait en eux ! D'ailleurs, il croyait toujours au réveil possible d'une église, et il avait un sentiment très vif de la responsabilité des évangélistes à l'égard des évangélisés.

Les résultats de son activité ont été énumérés par lui dans le *Livre d'or du Protestantisme français*. Il vaut la peine de rappeler cette statistique, sur laquelle il aimait à revenir :

En résumé, écrivait-il alors (en 1889), la Société du Nord, constituée il y a 50 ans, a fondé, en y comprenant les Eglises qui se suffisent à elles-mêmes et qui ne sont plus à sa charge, 73 lieux de culte avec 26 pas-

teurs, 4 évangélistes, 5 écoles, 31 temples, 10 presby-
tères, et où sont évangélisés actuellement 11 à 12000
fidèles, dont 3.500 à 4.000 sont sortis de l'Eglise romaine.

Elle entretient actuellement 17 pasteurs, 4 évangélistes, 5 écoles, fait célébrer le culte dans 53 localités,
où sont évangélisés 7.000 fidèles.

A la même époque, le budget de la Société était
de 56.000 francs. L'année de la fondation, il s'était
élevé, nous l'avons vu, à 8.000 francs. Par la
comparaison de ces deux chiffres, on peut juger
de l'extension prise par l'œuvre.

Tandis qu'ailleurs le protestantisme est demeuré
généralement stationnaire, depuis le début du
XIXᵉ siècle, il a fait dans le Nord des progrès consi-
dérables. Edouard Monnier les a signalés à maintes reprises, et notamment dans le rapport qu'il a
présenté en 1897 à l'Assemblée générale de la
Société du Nord :

« En 1807, il n'y avait dans toute cette région
que 8 églises organisées. Le culte n'était célébré que
dans 25 localités, dont 6 seulement avaient un temple, et le nombre des fidèles était tout au plus de
10.000. Aujourd'hui, dans le même rayon, il y a
55 places de pasteurs... Le culte est célébré dans
151 localités, dont 89 ont un temple, et le nombre
des fidèles est de plus de 31.000. Si la même crois-
sance avait eu lieu dans toute la France, nous y
serions bien près de deux millions. »

Sans doute l'émigration d'Alsace est entrée pour une part dans cet accroissement ; mais la Société du Nord y est entrée pour une part plus grande. Dans les dernières années de sa vie, Edouard Monnier aimait à embrasser par la pensée ce vaste domaine de la Société du Nord, qu'il avait étendu de la mer aux Vosges. Et il voyait déjà « les campagnes toutes blanches, et prêtes à être moissonnées ». Durant ces quarante années de travail, il avait vu lever en bien des sillons le bon grain qu'il avait semé ; et ce n'était pas uniquement par le regard de la foi qu'il apercevait la moisson.

CHAPITRE VII

LA VIE ECCLÉSIASTIQUE

I

On sait qu'Edouard Monnier a été l'un des fondateurs du régime synodal, et l'un de ses plus
fermes soutiens. Mais ce que l'on sait moins, c'est
que sa conception de l'Eglise n'a pas cessé d'évo-
luer dans le sens de la largeur et de la tolérance.

Le point de départ de l'évolution, ce furent les
idées ecclésiastiques du Réveil, sous leur forme la
plus étroite.

Il avait été élevé dans l'atmosphère spirituelle
de la dissidence. Son père aimait à l'entretenir de
ces Eglises « dissidentes et pleines de vie » qu'il
avait visitées au moment de sa conversion. A la
Malgrange même, il avait vu à l'œuvre des chrétiens tels que M. et madame Vaucher, dont le dévouement était admirable, mais pour qui un pasteur
officiel était la Bête de l'Apocalypse. A Stras-

bourg, il fut systématiquement rebelle à toute influence qui eût élargi sa conception ecclésiastique. Il choisit, nous l'avons vu, « la Notion de l'Eglise » pour sujet de thèse, et il traita cette matière dans un tel esprit, que jamais on ne permit à sa thèse de voir le jour.

A cette époque, l'Eglise, c'était à ses yeux une société de saints, ou, tout au moins, de convertis : l'ensemble des rachetés de Jésus-Christ. Il confondait l'Eglise visible et l'Eglise invisible, et il restreignait, en somme, l'Eglise invisible aux chrétiens qui s'étaient convertis dans l'esprit du Réveil. C'était une réduction assez sensible, fondée sur une philosophie de l'histoire plutôt élémentaire. Dans le monde entier, considéré comme une *massa perditionis*, quelques groupes d'élus, qui ont été transformés par la grâce, représentent l'Eglise. Ils ont le monopole de la vérité doctrinale, c'est-à-dire le monopole du salut. Autour d'eux, ce sont les ténèbres, qui peuvent ensevelir éternellement ceux qu'ils aiment, s'ils ne réussissent à les incorporer à la seule véritable Eglise, qui est leur Eglise.

On conçoit ce que de pareilles conceptions ont de tragique. Et on comprend qu'une âme généreuse comme celle d'Edouard Monnier n'ait pu les professer sans en être douloureusement émue, et sollicitée à l'action. L'apostolat, pour qui envisage le monde et la vie de cette façon simpliste, est un *devoir*, auquel nul n'a le droit de se soustraire. Et la parole qui avait éclairé Edouard Monnier sur sa vocation : « La moisson est grande, mais il y a peu d'ouvriers, » acquiert une force singulière à être placée dans un tel contexte.

Mais ces idées du Réveil, qui furent un si puissant mobile dans l'éveil de la vocation apostolique d'Edouard Monnier, et auxquelles il dut cet enthousiasme créateur qui devait faire jaillir du sol froid du Nord une pareille moisson d'Eglises, — ces idées du Réveil étaient en conflit avec la notion ecclésiastique qui dominait alors.

Ce conflit apparut lors des incidents de Strasbourg. Edouard Monnier aurait désiré, rebuté qu'il était par les refus de ses professeurs, se faire consacrer sans avoir reçu le diplôme de bachelier en théologie. Son père ne parvint qu'avec peine à l'en dissuader. L' « Eglise établie », à ce moment, ne lui plaisait guère ; et il allait occuper un poste d'évangélisation qui n'avait rien d'officiel.

Cependant, il ne tarda pas à comprendre les nécessités du temps et du milieu où il vivait. Il comprit la grandeur de cette Eglise Réformée de France au service de laquelle il était entré. Il sentit l'impossibilité d'un émiettement en face de la puissance catholique, et que, pour recevoir les âmes lassées du catholicisme, il fallait se rattacher à une grande Eglise, qui eût un passé, et qui manifestât sous des dehors visibles son unité spirituelle.

Sur cette évolution, nous n'avons point de documents ; mais tout nous porte à croire qu'elle se fit rapidement, sous la pression de circonstances plus fortes que toutes les théories.

A Saint-Quentin, Edouard Monnier se trouva dans un milieu essentiellement « évangélique » au sens du Réveil, mais qui se ressentait encore des influences libérales de jadis. Son collègue, M. Vèzes, penchait vers le libéralisme. Ils entretinrent les relations les plus cordiales, sans une ombre de contrariété. Quelques années plus tard, M. Vèzes était appelé à Montauban. Là, il eut affaire à une Eglise aussi divisée que celle de Saint-Quentin était pacifique et homogène. Profondément déçu, révolté par d'injustes accusations, il écrivit à Edouard Monnier :

A Saint-Quentin, je vous trouvais parfois un peu exclusif ; vous m'apparaissez maintenant comme un modèle de largeur, tellement ici tout est rogné à la mesure du parti. Ici, un homme est jugé sur une formule, sur un mot, sur une promenade faite avec tel monsieur réputé mal pensant. Peu importe l'esprit chrétien, si la formule trinitaire manque. C'est vous dire que le sermon d'installation m'a mis en butte à beaucoup d'attaques qui m'ont peiné, car je n'étais pas fait à ce genre... Mon Dieu ! que l'esprit de parti est une malheureuse chose !... Heureuse l'Eglise dans laquelle est une conviction vraie, et qui juge tout à sa lumière ! Ah ! si quelques hommes savaient le mal qu'ils font dans les âmes, dans des âmes tourmentées du besoin de vérité, dans des âmes qui répètent souvent avec larmes : « Je crois, Seigneur, aide-moi dans mon incrédulité ! » s'ils savaient le mal qu'ils leur font par leurs menées, leur tactique toute mondaine et moins que cela encore, par leurs affirmations tranchantes et inconsidérées ;... s'ils savaient qu'ils sont quelquefois fauteurs même d'incrédulité pour ces âmes qui ne demandaient qu'à croire !... Mais je veux vous dire, à vous, que tel vous n'êtes pas, et qu'il me reste de mes rapports avec vous un souvenir qui me fait du bien et me réconforte. Je vous remercie de la bienveillance que vous m'avez toujours témoignée, et du bien religieux très réel que j'ai reçu auprès de vous. Si tout le monde était orthodoxe à votre manière, tout le monde serait chrétien, et il me semble que l'Eglise serait sauvée.

Ce beau témoignage est confirmé par toute l'histoire de l'Eglise de Saint-Quentin et des Eglises du Nord durant le ministère d'Edouard Monnier. Fermement attaché à l'orthodoxie du Réveil, il ne discutait pas volontiers sur les sujets de foi ; il se bornait à prêcher l'Evangile tel qu'il le concevait, sans blesser personne. Aussi les libéraux qui venaient à Saint-Quentin se transformaient-ils insensiblement en orthodoxes, sous l'influence de cette piété vivante, cordiale, nullement agressive. Il y eut, de ces transformations d'assez curieux exemples.

Dans tout le Nord, sa ligne de conduite était la même. Ne jamais combattre : assimiler. Il croyait à la force du pur Evangile, tel qu'il le concevait, et il disait : Laissons l'Evangile faire son œuvre !

Il appela maintes fois dans des postes d'évangélisation de jeunes pasteurs qui penchaient vers le libéralisme, et qui s'y seraient jetés, si Edouard Monnier n'avait pris les devants. Certains pourraient en témoigner, qui sont aujourd'hui parmi les représentants les plus autorisés de l'Eglise, et dont le ministère est le plus justement apprécié des fidèles.

Grâce à cet esprit de tolérance, il n'y eut point de luttes ecclésiastiques dans la région du Nord, tant que prévalut l'influence d'Edouard Monnier. Au lieu de se consumer en des agitations stériles et en des polémiques discourtoises, les énergies s'y concentrèrent toutes sur l'œuvre de salut qu'il fallait accomplir. Tout fut subordonné aux besoins de l'évangélisation. L'intransigeance du Réveil avait disparu : l'enthousiasme du Réveil survivait ; à son contact, les cœurs s'enflammaient, et les plus froids devenaient des apôtres.

Cependant, l'esprit d'intransigeance reprenait ses droits quand Edouard Monnier franchissait les limites de son vaste champ d'évangélisation. Alors, la combativité qui était en lui reparaissait. Ce n'était pas aussi illogique qu'il semble. Dans le Nord, il s'occupait de constituer une avant-garde, composée d'hommes d'initiative, dont l'origine ecclésiastique importait peu ; mais derrière cette avant-garde, il voulait qu'on sentît une Eglise homogène et puissante par sa foi. D'ailleurs, s'il voyait dans l'évangélisation le moyen le plus efficace de régénérer le libéralisme modéré, il souhaitait la destruction du libéralisme avancé. Si l'on ne pouvait le détruire, il fallait du moins chercher à l'exclure. Edouard Monnier s'inclinait toujours devant l'expérience : il avait constaté que certaines affirmations doctrinales produisaient un changement intérieur dans les âmes : il voulait que ces affirmations fussent à la base de l'Eglise. En combattant les libéraux, il avait conscience de défendre *la foi qui sauve*. Il ne concevait pas d'Eglise sans l'affirmation de cette foi, et il la formulait à la façon du Réveil. C'est pourquoi, aux Conférences pastorales de 1866, il fut de ceux qui poussèrent à la séparation. Il fut un des signataires de l'*Adresse aux Eglises*, dont le but était de justifier les mesures prises pour écarter les libéraux. M. Vèzes s'en plaignit à lui en termes énergiques :

Dites-moi, cher ami, en la sincérité et en la piété de qui je crois, est-il vrai que nous ayons manifesté une telle intention (1) et que ce soit nous qui ayons *désiré, demandé* la séparation ? N'est-ce pas vous, nos contradicteurs, vous en particulier, cher ami, qui avez déclaré ne plus vouloir venir aux conférences, si vous n'étiez sûrs de n'y rencontrer que des hommes ayant les mêmes bases ; que vous avez dit sur tous les tons : nous ne pouvons plus vivre et discuter ensemble, séparons-nous ; et, joignant l'acte à la parole, vous avez,

______

(1) « Plusieurs de nos frères, disait l'*Adresse*, ont manifesté l'intention de se séparer de nous. »

malgré toutes nos protestations, malgré toutes nos prières émues, voté la séparation.

Et maintenant.. on vient dire que c'est nous qui avons voulu la séparation, que c'est sur nous qu'en retombe la responsabilité, etc.

Cher frère, ai-je mal compris ? Oh ! alors, rectifiez-moi au plus vite Montrez-moi que cette phrase n'a pas pour but de donner le change à l'opinion... Je vous supplie de ne pas me laisser, pour votre part, sous le coup d'un doute qui me fait mal.

M. Vèzes n'avait pas tort, mais il n'avait pas non plus tout à fait raison. Que disait l'*Adresse*? « Vous aurez de la peine à comprendre que des pasteurs et des anciens *s'éloignent* d'une assemblée chrétienne parce qu'elle met à sa base les vérités les plus élémentaires de la foi. »

C'était tout dire. Par le seul vote de la profession de foi, les libéraux étaient mis à la porte... soit ; mais pourquoi ne se sentaient-ils pas libres d'adhérer aux « vérités les plus élémentaires de la foi? » C'était leur faute. On ne pouvait délibérer en commun que sur le terrain chrétien. Quiconque n'était pas chrétien s'excluait lui-même : on n'excluait personne, et ceux qui désertaient l'assemblée montraient par là qu'ils n'avaient aucun droit d'y assister. Ce n'était pas de l'intransigeance: qui donc les obligeait à partir ?

En 1872, Edouard Monnier vint au Synode dans le même esprit, déjà quelque peu atténué, toutefois. Son dogmatisme s'accommodait mal de dis-

cussions avec des gens qui étaient trop loin de sa
pensée pour qu'il pût espérer de les convaincre.
Mais au Synode, l'intérêt des Eglises était en jeu :
c'était chose trop grave pour qu'il ne fallût pas y
regarder à deux fois avant de provoquer une séparation. Il ne s'agissait, en 1866, que de querelles
théologiques : il valait mieux alors se séparer que
de s'échauffer trop. En 1872, il y allait du salut
des âmes. Le problème était d'amener en douceur
le parti libéral à « couper sa queue », comme on
disait, c'est-à-dire à se défaire des éléments ratio-
nalistes dont la présence était un perpétuel danger
pour la vie de l'Eglise.

Les débuts d'Edouard Monnier à la tribune synodale ne furent pas très heureux. Il demanda la
parole sur la question de la compétence du Synode
général, que les libéraux voulaient limiter (proposition Bordier), alléguant entre autres motifs que
le Synode ne constituait pas une représentation
exacte de l'Eglise. Il soutint la thèse suivante,
conforme à ses théories ecclésiastiques : L'assemblée actuelle, étant appelée dans le décret « Synode
général », est souveraine. Le droit du Synode est
aussi absolu que celui des Synodes d'autrefois.
Quant à la répartition électorale (dont les libéraux
se plaignaient), si elle avait favorisé la minorité,
la minorité ne s'en plaindrait pas. Pour faire une
loi électorale, il faudrait déterminer qui est membre
de l'Eglise, et ne pas se retrancher derrière des
équivoques.

Cette dernière expression, peu mesurée, provoqua une protestation de M. Jalabert ; et dès lors, le discours d'Edouard Monnier fut haché par des murmures. Enfin, il descendit de la tribune, en déclarant que le Synode ne devait pas se séparer sans avoir dit à l'Eglise sa foi et son espérance. Il était tout de même un peu contrit de l'accueil qu'il avait reçu. M. Guizot lui serra la main en lui disant avec un sourire : « On ne va pas impunément au feu pour la première fois. » Mais il eut quelque peine à prendre son parti de cet accident : il s'en trouve une trace dans sa correspondance : « Je ne suis pas trop content, écrivait-il, de la manière dont j'ai parlé hier ; cela a été bien jusque vers la fin, que j'avais précisément préparée, mais pour laquelle j'ai été troublé par des interpellations. Cela m'a vivement contrarié, mais il est bon d'avoir quelquefois des échecs qui apprennent à faire mieux pour l'avenir, et je crois qu'une autre fois je ne serai pas embarrassé du tout ».

Son ardeur n'en fut pas refroidie. Le lendemain, à propos du procès-verbal, il s'écriait : « J'ai entendu le mot de crime s'appliquant à la séparation en deux de l'Eglise réformée : cette expression *doit être retirée !* »

Les jours suivants se passèrent en tâtonnements, en négociations avec les membres du centre et de la gauche modérée. Edouard Monnier et ses amis voulaient une profession de foi ; mais ils n'étaient point d'avis qu'elle fût imposée. Une partie des

libéraux hésitaient : un moment on put croire
qu'ils se rallieraient. Membre et bientôt secrétaire
de la commission des vœux, qui était chargée de
rapporter sur la profession de foi, Edouard Monnier travailla à la rédaction de la formule connue
sous le nom de « confession Bois ». Ce n'était pas,
dans sa pensée, une formule d'exclusion, mais au
contraire une formule de conciliation, que tous les
libéraux évangéliques pouvaient signer. Il y était
parlé des *grands faits chrétiens* : l'expression était
assez large pour ne laisser place à aucun scrupule
sur tel ou tel détail du Symbole des Apôtres. Il
ne s'agissait pas d'imposer une *confession de foi*,
mais de proposer une *déclaration de foi*. Ceux qui
y adhéraient, indiquaient par là qu'ils acceptaient
les principaux faits de l'histoire du salut : c'était
une base nécessaire, car si elle manquait, il n'y
avait plus de christianisme, mais elle suffisait.

On le voit : l'évolution était commencée qui devait
faire d'Edouard Monnier un des fondateurs de la
« droite indépendante ». Il n'était déjà plus à
l'extrême-droite, il avait dépassé M. Guizot. Il
restait encore du chemin à faire ; mais il y en avait
moins qu'on ne serait porté à le croire.

Edouard Monnier trouvait que les choses n'allaient pas assez vite. « Je suis tout entier au
Synode, écrivait-il, qui au reste ne fait pas grand'
chose... Nos discussions s'égarent un peu et je
crains d'être retenu pendant très longtemps. C'est
très désagréable, et je serais bien disposé à m'en

aller si la chose était possible. » D'ailleurs, il contribuait à ces retards, car il parlait beaucoup. Ce qui l'impatientait surtout, c'était d'entendre parler les autres sans pouvoir leur répondre aussi souvent qu'il le voudrait : « Je vais m'arranger pour prêcher dimanche quelque part. Cela me fera du bien, car je commence à avoir assez entendu parler, et j'ai plutôt besoin de faire ma petite causette. » — « J'ai parlé un peu au Synode, écrivait-il quelques jours plus tard, non sans un peu d'utilité ; mais on s'occupe de questions tout à fait secondaires. Demain, il en viendra de plus importantes ; mais je tâcherai de me taire. » Il n'y réussissait pas toujours ; les procès-verbaux mentionnent fréquemment son intervention. Des nombreux amendements qu'il présenta, la plupart furent repoussés. Il y en avait d'une singulière intransigeance : tel l'amendement qui proposait que les candidats en théologie fussent examinés au point de vue religieux par les Synodes, avant d'être admis à se présenter au suffrage des paroisses. Il ne se faisait pas d'illusions, d'ailleurs, sur ce genre d'activité : « Beaucoup d'agitation pour un mince résultat. Je parle assez au Synode : je ne passe guère une séance sans prendre la parole : plusieurs fois aujourd'hui, et avec succès... mais je vois qu'en général on finit par être un peu impatienté par ceux qui parlent trop souvent, et on est prêt à les accueillir par des murmures avant même qu'ils aient parlé. »

A ce moment (1ᵉʳ juillet), il espérait encore que

tout se passerait sans éclat : « Ici, nous sommes en général portés à vouloir maintenir le statu quo, nous bornant à réprimer les écarts par trop prononcés, et on croit que le fonctionnement régulier du système synodal finira par ramener l'ordre, tandis que, si on se séparait maintenant, un tiers de notre Eglise au moins tomberait entre les mains des libéraux. Il peut encore surgir des questions qui nous divisent ; mais, s'il n'y a rien d'imprévu, on attendra que les synodes aient produit leur effet. »

On sait que cette attente fut déçue. Cependant, Edouard Monnier prit son parti de la rupture qui survint en 1873. Il se rattacha avec ardeur et conviction au régime synodal officieux. Il fut de tous les Synodes, jusqu'en 1899, et il était heureux de cette marque de confiance que son Eglise lui donnait. A plusieurs reprises, il fit partie de la Commission Permanente. En 1899, son état de santé l'obligea à décliner le renouvellement d'un mandat que le synode de la première circonscription lui avait toujours confié sans la moindre hésitation.

Deux synodes se détachent avec un relief particulier dans ce passé : Nantes et Saint-Quentin.

A Saint-Quentin, Edouard Monnier était l'hôte qui recevait le Synode : ce rôle l'obligeait à se taire dans les séances, tout en déployant au dehors une grande activité. C'était une entreprise peu commode que d'organiser la réception d'un Synode général dans une église aussi peu aisée. Tout réussit cependant à souhait. Ce synode de Saint-Quentin a laissé de beaux souvenirs à tous ceux qui y ont pris part. Ce fut un Synode laborieux, et dont l'esprit fut particulièrement élevé : ce qui n'avait rien d'étonnant, puisque Bersier en était l'âme. Il présida cet inoubliable service de Sainte-Cène où, dans le temple débordant d'auditeurs, on *entendait* véritablement le silence, et où la présence de Jésus-Christ dans son église était devenue une réalité sensible.

Mais c'est à Nantes, trois ans auparavant, en 1884, qu'Edouard Monnier a joué le rôle le plus apparent. Vice-président du Synode, il eut en cette qualité à prononcer le discours de clôture, en l'absence du modérateur, M. Dhombres. Il exposa, ce jour-là, sous une forme particulièrement nette, ses théories ecclésiastiques : l'exposé qu'il en fit vaut d'être reproduit dans ses lignes essentielles :

« Plus nous pratiquons la vie synodale, mieux nous en voyons les avantages.

« Elle relie les Eglises en un même faisceau, et leur donne le sentiment, toujours plus clair, de la vie commune qui les unit...

« Ces assemblées apprennent aussi aux délégués des Eglises à se connaître, à s'apprécier les uns les autres, et à mettre en commun leurs expériences et leurs vies. Ils forment ainsi comme une famille dont les membres sont heureux de se retrouver ; ils accueillent avec joie les nombreux frères qui leur sont envoyés, et conservent avec affection le souvenir de ceux qui ont été associés à leurs travaux.

« Ce troisième synode général officieux ne le cède pas en importance à ceux qui l'ont précédé ; il marque un progrès nouveau et décisif dans la vie de l'Eglise.

« Le premier a décidé le rétablissement du régime synodal.

« Par son organe, la partie la plus vivante de l'Eglise réformée a pris une résolution qui, comme toutes les choses vraies, une fois trouvées paraît bien simple, mais qui n'a été obtenu qu'après de longues années de recherches, de tâtonnements et d'efforts.

« Elle a décidé qu'elle s'unirait sans le secours de ceux qui veulent rester isolés, et qu'elle s'occuperait de ce qui concerne sa vie religieuse sans solliciter l'avis ou l'appui de l'Etat, qui y est aussi étranger qu'indifférent.

« Le second synode a constaté que la résolution du premier était définitive.

« Il nous a rendu l'organisation à la fois forte et libre due au génie religieux de nos pères, et, sans s'appliquer à la copier dans tous ses détails, il l'a mise en harmonie avec les idées et les vues amenées par l'expérience de deux siècles, et avec les exigences de la situation actuelle de l'Eglise.

« Enfin, il fallait, par une expérience nouvelle, prouver que nous avions fait une œuvre, non d'archéologie, mais de vie religieuse, que nous n'avions pas exhumé l'organisation si sage de notre Eglise, mais que nous l'avions bien retrouvée vivante. Aux plus incrédules, il fallait démontrer le mouvement en marchant. C'est là ce que nous avons achevé de faire dans les réunions de ce synode.

« Les institutions synodales n'avaient pas cessé de vivre dans les esprits et dans les cœurs. Aussi, au premier signal, elles ont fonctionné avec une facilité et une régularité dont nous sommes nous-mêmes étonnés.

« Nos réunions, préparées par la prière, n'ont été troublées par aucun débat irritant... Bien qu'au début les esprits aient été divisés sur bien des points, un sentiment général s'est toujours dégagé des débats, et il n'y a jamais eu de minorité attristée par un vote absolument contraire à ses désirs.

« Notre synode ne peut en rien être assimilé aux assemblées délibérantes, où chacun cherche à faire prévaloir sa manière de voir et à combattre ses adversaires. Je comparerai plutôt sa manière d'agir à ce qui se fait dans nos filatures, où les brins d'abord confus d'une même masse de laine sont peu à peu ramenés dans une même direction, et ensuite réunis pour ne former qu'un même fil solide.

« C'est ainsi que nos décisions acquièrent peu à peu, dans les Eglises, l'autorité qu'avaient celles de nos pères, lorsqu'ils inscrivaient en tête de leur confession de foi qu'elle était « faite d'un commun accord par les Eglises réformées de France ». Et nous pouvons remonter plus haut, jusqu'au premier synode de Jérusalem, dont les membres, vivement divisés d'abord, ont été bientôt ramenés à un sentiment commun, et ont reconnu dans cet accord l'action du Saint-Esprit, sous l'autorité duquel ils se sont placés pour recommander leurs décisions.

« Voilà la véritable autorité dans l'Eglise, et nous devons quelque reconnaissance à ceux qui nous ont contraints à n'en point chercher d'autres.

« Nos Eglises ne méconnaissent pas les services que l'Etat leur a rendus... Mais il est impossible d'oublier que ce qui est donné par le pouvoir civil dépend de lui et peut être repris par lui. Ceux de nos synodes qui ont exercé l'action la plus puissante, ceux des grandes périodes de notre Eglise, n'ont eu rien d'officiel, si ce n'est le bûcher et la potence, très officiellement destinés à leurs membres.

« L'Eglise de Jésus-Christ ne peut reposer sur le bon vouloir des hommes. Tant qu'elle sera sur la terre, elle devra avoir des rapports avec l'Etat... L'essentiel n'est pas, comme quelques-uns le croient, que le lien soit rompu et les relations modifiées, mais que l'Eglise sache par elle-même se gouverner, et pourvoir à ce qui concerne sa vie spirituelle.

« Nous ne pouvons pas oublier que tous les membres de la famille protestante ne sont pas encore avec nous, et, que, parmi les absents, il y en a qui sont attachés de cœur aux principes fondamentaux de la foi chrétienne; et nous tenons à exprimer la ferme confiance que, tôt ou tard, ils se joindront à nous.

« La déclaration de foi, placée à la base de notre organisation synodale, est à fois assez large pour ne repousser aucun de ceux qui aiment notre Sauveur, et assez vivante pour les satisfaire tous, et il n'y a rien en elle qui soit de nature à retarder l'adhésion de ceux qui se tiennent encore à l'écart.

« Mais nous n'attendons plus cette union de négociations qui, malgré les meilleures intentions, n'aboutissent qu'à des malentendus. Nous ne l'attendons pas non plus de décisions officielles, qui, en faisant intervenir une autorité extérieure, blessent ceux qui ne sont pas disposés à les accepter librement, et ravivent souvent des divisions au lieu de rapprocher les esprits et les cœurs.

« Cette union, nous l'attendons de la vie synodale, et de l'attraction qu'elle exerce peu à peu sur tous les éléments vivants de l'Eglise.

« Et dès maintenant nous rendons grâces à Dieu, qui a permis à nos Eglises de sortir de l'impasse où elles étaient portées à s'enfermer, en attendant leur relèvement d'une intervention du pouvoir civil.

« Et c'est parce que nous croyons fermement à la puissance de la foi et de la liberté, que nous pouvons attendre le courant, tantôt hostile, tantôt favorable, des opinions humaines, persuadés que le navire qui porte l'Eglise est bien gardé, et que, plus la tempête se déchaînera contre lui, plus sûre sera la marche qui le conduira vers le port. »

Il n'y a rien de changé dans les idées d'Edouard

Monnier. Il est toujours l'homme des Eglises libres, celui qui n'attend rien du bras séculier, et qui ne compte que sur la piété pour faire progresser l'Eglise. Il a toujours le même point de vue simpliste : nous sommes l'Eglise de l'Evangile ; nous affirmons la foi qui sauve ; nous ne pouvons nous passer de l'affirmer : ce serait un suicide. Il y a, dans le camp libéral, un certain nombre de gens qui possèdent, eux aussi, la foi salutaire ; qu'ils viennent à nous ! nous ne demandons qu'à les accueillir. D'ailleurs, quoi qu'il en soit, l'Eglise poursuit sa marche, et l'avenir lui appartient.

L'Eglise d'alors, c'était l'Eglise des Bersier, des Babut, des Pédézert, des Bois, de tant d'autres dont la plupart ne sont plus, et qui conciliaient d'ardentes convictions avec un admirable respect des âmes. De cette Eglise, on pouvait tout attendre.

Longtemps encore, Edouard Monnier persista dans son attitude. Une lettre du 9 décembre 1890 en fait foi :

Il est très juste, écrivait-il à cette date, que l'on ne peut croire que ce que l'on sent être juste et vrai. Mais de conclure de là que tout ce que l'on croit tel l'est en effet et doit être accepté comme tel par la société religieuse dont on fait partie, ce n'est plus soutenable, et ce principe serait la négation de toute Eglise et de toute société. L'Eglise doit avoir une profession de foi d'une très grande largeur, mais elle doit professer quelques principes fondamentaux. Elle ne peut prétendre les imposer par son autorité à ceux qui ne les reconnaissent pas ; mais elle ne peut les considérer comme lui appartenant.

II

Cependant, à partir de 1890, l'horizon ecclésiastique d'Edouard Monnier s'élargit. Ses lectures personnelles très sérieuses, et surtout les études d'exégèse auxquelles il s'adonnait avec plus de méthode que jamais, avaient fini par semer dans son âme le doute à l'endroit des formules du Réveil. Il se forma ainsi une conception religieuse plus large et plus vivante. « L'exégèse, disait Sabatier, est une grande magicienne. » Elle transforma la piété d'Edouard Monnier. Jusqu'alors, il croyait que c'était la foi orthodoxe, sous sa forme paulinienne et calviniste, qui faisait la force de l'Eglise ; il s'aperçut que le centre de vie était en réalité constitué par les Evangiles. Il ne cessa pas de vouloir que l'Eglise se fondât sur *la foi qui sauve* ; mais il ne fut plus du même avis quant à l'essence de cette foi ; et, comme il la trouvait dans les Evangiles, il lui apparut que les « libéraux » — du moins les libéraux croyants (il ne s'est jamais occupé des autres), — faisaient partie de la véritable Eglise.

En même temps, la foi synodale décroissait insensiblement dans le cœur d'Edouard Monnier. Il voyait le parlementarisme moderne, avec ses petites menées qui ne sont pas toujours édifiantes, s'insinuer dans le sanctuaire auguste des délibérations synodales. Il avait l'impression que beaucoup de paroles étaient échangées pour peu de résultat, et il se désintéressait de ces discussions inutiles. « Ce synode, écrivait-il de La Rochelle, est, comme tous les autres, très encombré de discussions qui n'ont souvent pas grande portée, et auxquelles je m'efforce de ne pas prendre trop souvent part. » Il vit l'admirable œuvre liturgique de Bersier contrariée et morcelée, son nom systématiquement oublié. Il vit la Confession de 1872, interprétée judaïquement, devenir un instrument de division dans l'Eglise. Il n'avait pas cru à un schisme; il avait été droit devant lui, comme un croyant, — ne mettant pas en doute que l'Eglise eût le droit d'affirmer sa foi. Il fut ému par les déchirements et les troubles où ces affirmations, si simples à ses yeux, avaient jeté tant d'âmes. Mais de plus, il se rendit compte qu'on ne voulait plus, du côté droit, de cette union qui avait été le rêve de Bersier, et à laquelle, pour son compte, il n'avait jamais cessé de tendre. Certes, il ne tenait pas à un synode *officiel*; mais il n'avait pas renoncé à l'espoir d'un synode *général*; et, dans sa pensée, la séparation en deux camps était purement provisoire. Il aperçut que, dans la pensée d'un grand nombre de ses amis, ce provisoire était en passe de devenir définitif. Tout cela contribua grandement à le refroidir.

D'autre part, il reconnut que les nécessités de

l'évangélisation prescrivaient impérieusement l'union de toutes les forces protestantes. Il se rendit compte que l'Etat profitait de la division du protestantisme pour tenir les deux partis en échec, les opposer l'un à l'autre, annuler leur action et supprimer, en fait, les droits des Eglises. Il comprit qu'à la puissance homogène du catholicisme, à la coalition d'intolérances et de rancunes qui constitue la libre-pensée moderne, il fallait opposer une Eglise *une* ; que jamais la France ne viendrait à une Eglise divisée.

C'est dans cet esprit qu'il vint à la première conférence consistoriale de Lyon, en 1896. Il y reprit contact avec un certain nombre d'hommes qu'il avait perdus de vue depuis 1872. Il les trouva changés. Le vieux libéralisme avait disparu ; ou du moins, l'image qu'il en avait gardée dans l'esprit se trouvait être fort différente de la réalité présente. Il vit des hommes qui avaient les mêmes préoccupations que lui, — remplis du même désir de sauver la France par l'Evangile. Il se sentit en communion parfaite avec eux. A partir de ce moment, il se prononça de la façon la plus nette pour le rapprochement. A la conférence, il fut au nombre des cent quinze qui se déclarèrent partisans du Conseil Central électif. Et dans la suite, son attitude ne fit que se préciser.

Hélas, lorsqu'il revint à Lyon en 1899, il n'avait plus la force de combattre pour ses idées. Il donna du moins à son Eglise ce suprême témoignage de fidélité, de rassembler ce qui lui restait d'énergie physique — son énergie morale était entière — pour se joindre à ceux qui exprimèrent alors, encore que d'une façon platonique, les vœux et les aspirations véritables de l'Eglise réformée de France. Il adhéra à la proposition Puaux, relative au Conseil Central électif. Il écouta avec émotion l'admirable prédication de M. Trial, où il vit la preuve du triomphe définitif de la piété évangélique au sein du libéralisme. Il rendit hommage au rôle pacificateur de l'éminent chef de la gauche, M. Jalabert. Il assista à la fondation de la droite indépendante, encourageant de toute son approbation ceux qui secouaient ainsi la domination des porte-parole attitrés de la droite intransigeante. Il revint de Lyon avec son adversaire de 1872, Etienne Coquerel. Ces deux hommes, si opposés naguère, s'entretinrent de l'avenir de leur Eglise avec une réelle harmonie de vues. Edouard Monnier se disait : Comme il a changé ! Au fond de son cœur, M. Coquerel se disait peut-être la même chose. Et sans doute, c'était vrai, pour l'un comme pour l'autre ; mais ce changement n'était-il pas un progrès? Aujourd'hui, ils goûtent auprès de Dieu dans leur plénitude les douceurs de cette communion spirituelle qu'ils n'ont fait que pressentir ici-bas.

Edouard Monnier n'était pas entièrement satisfait des résultats obtenus à Lyon. Il était impatient de voir se lever le jour où son Eglise, définitivement réconciliée, tournerait ses efforts vers l'évangélisation de la patrie. Il pressentait qu'il ne le verrait pas. Dans la création de la droite indépendante, du moins, il voyait une promesse d'avenir.

Jusqu'à la fin, il s'efforça de continuer son œuvre d'apaisement. Six mois après Lyon, on le vit apparaître, les traits amaigris et pâles, déjà marqué du sceau de la mort, se traînant avec peine, mais s'efforçant de se raidir contre la faiblesse, au milieu de ces Conférences Pastorales qu'il aimait. Il avait entendu dire qu'on discuterait peut-être l'admission des libéraux, et il venait demander qu'on rouvrît la porte qu'il avait naguère contribué à fermer. Sa voix n'eût plus été en état de soutenir son dessein. Les circonstances lui épargnèrent cet effort.

Il y avait là, dira-t-on, un désaveu de son passé. Soit ; mais il n'est pas de désaveu qui honore davantage un homme. Tout fanatisme était mort en lui : il n'y avait plus de place dans son âme que pour les intérêts du royaume de Dieu. Et ces intérêts, selon lui, exigeaient le désarmement des vieux partis. Son cœur n'avait cessé de s'élargir. Inébranlable dans sa foi, dans la vieille foi du Réveil, il ne fut jamais plus « évangélique » au sens vrai du mot que lorsqu'il s'efforça de faire prévaloir dans la vie ecclésiastique la charité de l'Évangile.

C'était, après l'esprit de Boanergès, l'esprit de saint Jean.

CHAPITRE VIII

LA VIE INTIME

I

Sous ce titre un peu vague, nous grouperons une série de souvenirs destinés à compléter la physionomie d'Edouard Monnier, et à faire apparaître, après l'œuvre, l'homme. A vrai dire, l'homme s'est mis tout entier dans son œuvre, et il en est inséparable. Il était avant tout un homme d'action. Il ne se perdait pas en vaines paroles. Il écrivait peu, ou pour mieux dire, il n'écrivait point (1) : ses lettres sont des lettres d'affaires, dans lesquelles il note les décisions prises, ou s'informe des points qui l'intéressent. Aucune effusion, même dans celles qu'il adressait à ses plus proches. Dans ses lettres écrites des Alpes, aucune trace des émotions ressenties en face d'une nature qu'il aimait tant et

(1) Il convient de rappeler une exception. Il consentit à collaborer à l'*Encyclopédie* de son ami Lichtenberger ; les articles *Artois* et *Gène* y sont de lui, et ce sont des articles excellents, encore que très brefs.

qu'il comprenait si bien. Impatience de l'homme d'action, qui ne peut souffrir les lenteurs de la plume ; mais aussi simplicité, qui lui faisait dédaigner toute fioriture littéraire.

S'il n'était pas écrivain, il était né orateur. La parole n'était pour lui qu'un moyen : il avait horreur de la rhétorique. Mais il avait grandi à une époque de vie parlementaire, où les tournois d'éloquence étaient le principal intérêt de la vie nationale. C'était le beau temps de l'éloquence française : l'époque des Thiers, des Molé, des Guizot, des Berryer, des Odilon Barrot. Tout ce qu'il y avait d'éclairé en France se passionnait pour les débats du Parlement. La parole apparaissait comme la puissance souveraine qui fait et défait les gouvernements.

Dans l'Église, la parole jouait le même rôle. D'un côté, Lacordaire, de l'autre, Adolphe Monod. Edouard Monnier avait entendu le célèbre sermon d'Adolphe Monod, intitulé : « Pouvez-vous mourir tranquille ? » et il avait senti passer dans la foule qui se pressait ce jour-là autour de la chaire de l'Oratoire un frisson qui n'était pas seulement de terreur en face d'un inconnu redoutable : non, c'était vraiment le frisson de l'âme qui se sent saisie par la puissance de Dieu, et en qui s'accomplit la révolution sourde qui fera d'elle « une nouvelle créature ».

Aussi Edouard Monnier croyait-il à la parole, et que, lorsqu'elle est vivifiée par l'Evangile, il n'est pas de hauteur où elle ne puisse atteindre, pas de résultat qu'elle n'ait le droit d'espérer. Il avait lui-même quelques-unes des qualités de l'orateur, le tempérament d'abord, l'énergie du maintien, l'autorité du geste, la facilité de l'élocution, la clarté de la voix. Rien ne le troublait. Il parlait avec autant d'aisance au théâtre de Montdidier que dans le temple de Saint-Quentin. Les foules ne l'intimidaient nullement. Il aimait les grands espaces, où sa voix nette se déployait sans effort. Une des joies de son ministère fut d'avoir prêché dans le temple d'Aulas, — le plus grand temple de France, disait-il, — et d'y avoir été entendu.

Il avait aussi de l'orateur des dons plus solides et plus profonds : la clarté de l'idée, la facilité à la présenter sous ses divers aspects, mais surtout la force de conviction, et cette foi en la vertu de la parole, qui ne l'abandonna jamais. Un de nos prédicateurs contemporains, qui a rompu plus d'une lance dans les milieux athées, disait un jour que sa grande joie était de se trouver au milieu d'une foule hostile, qui consentait à peine à l'écouter, et de se dire : « Dans cinq minutes, vous m'applaudirez tous. » C'est cette confiance vaillante, où il n'y a nulle fatuité, qui fait l'orateur. Édouard Monnier en possédait quelque chose.

Que lui manquait-il donc pour être un meneur de foules ? ce n'était certes pas l'abondance, ni la force des pensées. Ses discours étaient très riches d'idées. C'était plutôt l'incapacité d'arriver à un certain fini, la hâte de l'homme qui ne sait pas s'astreindre à cette longue patience, si nécessaire pour découvrir la forme adéquate de l'idée. Sa facilité de parole était trop grande pour qu'il sentît la nécessité de ce travail préliminaire, et pour qu'il en eût le goût. Dans ses lettres de Strasbourg, il se traduit une véritable angoisse chaque fois qu'il parle de ses sermons de la Frimbole. Il les préparait anxieusement des semaines à l'avance, et sans beaucoup de résultat. Il dut renoncer à cette méthode dès son entrée dans le ministère, et dès lors, il ne put jamais plus se résoudre à polir des phrases devant un bureau. Une fois seulement, dans toute sa carrière, il essaya d'apprendre un sermon par cœur ; et ce fut si laborieux, qu'il dut y renoncer. Ses allocutions de la Société Académique, ses rapports de la Société du Nord, dont la forme est toujours claire et précise, l'allure oratoire, la phrase parfois ample, il n'a pu les écrire qu'après les avoir prononcés ; et les qualités qui s'y trouvent sont les qualités naturelles de l'orateur.

Au Synode de La Rochelle, il avait été chargé de la prédication d'ouverture. Il avait pris un texte qu'il aimait : « Ne crains point, petit troupeau, car il a plu au Père de vous donner le royaume. » L'idée fondamentale lui était chère : Il n'y a pas lieu de se décourager si le troupeau est petit : il faut qu'il le soit ; et c'est par le petit troupeau justement que Dieu gagnera le monde. Il avait réfléchi à cette prédication durant ses longues marches de Suisse.

Elle était le produit mûr de son expérience, de sa philosophie de l'histoire. Cependant, il y manquait cette justesse d'expression, cette sobriété, cette concision de la phrase, ces mots qui font image, ces envolées oratoires, — en un mot, cette perfection extérieure du discours qu'on attend lors d'une telle solennité. Le discours produisit une impression bienfaisante sur les catholiques qui assistaient à la cérémonie. Mais il fut de ceux dont on dit entre gens du métier : « C'était édifiant. »

Édouard Monnier ne fut pas un prédicateur. Il en avait l'étoffe : il regretta souvent de n'avoir pas fait, durant sa jeunesse, l'effort qui aurait décuplé son action.

Il fut autre chose : un incomparable conférencier. Les dons de l'improvisateur trouvent leur emploi dans la conférence, où il s'agit de présenter d'une façon vivante une matière très étendue, et qui a par elle-même son intérêt et sa valeur. Une conférence dont la forme est trop parfaite fatigue l'auditeur, et parfois elle l'énerve. La clarté et la chaleur contenue d'Édouard Monnier, insuffisantes à animer la forme classique et abstraite du sermon, vivifiaient les sujets historiques de ses conférences, et leur donnaient un singulier attrait. Peu habitué à manier les idées générales, pour lesquelles il ne se sentait guère de goût, il se trouvait à l'aise sur le terrain des faits. Il racontait merveilleusement; il avait le don d'évoquer les choses vécues, les épisodes du passé : il y revivait, et il y faisait revivre les autres. On s'explique qu'il ait été un admirable évangéliste.

Il serait injuste de ne pas dire que, si la forme de sa prédication était le plus souvent imparfaite, le fond en était toujours solide. Ce mot d'un de ses paroissiens : « M. Monnier nous donne toujours du pain, » résume bien l'impression d'ensemble que laissent ses sermons à ceux qui les ont entendus. Le pain était un peu sec, parfois ; mais il était toujours fortifiant.

II

Quant au fond, sa prédication a beaucoup évolué depuis l'origine. Il a commencé, à Belleville, par des sermons modernes, accommodés au goût du jour. « Je n'arrivais à rien, disait-il lui-même en parlant de cette période. Alors, j'ai pris l'Evangile tout simple, et j'en ai vu les résultats. »

Qu'est-ce donc qu'il entendait par « l'Evangile tout simple ? » C'étaient les affirmations du Réveil, réduites aux grandes lignes : c'était le paulinisme, ramené à l'idée de la grâce et de la justification par la foi. Tel est l'Evangile qu'il a prêché pendant trente ans, avec un peu de monotonie parfois, mais avec une force de conviction telle, que cette religion grande, austère et simple, étrangère aux questions pratiques, exclusivement *religieuse*, a laissé son empreinte, à Saint-Quentin, sur plusieurs générations de croyants.

Lors du « réveil de Pearsall Smith », Edouard Monnier se laissa convaincre par les résultats observés. Pour lui, exclusivement attaché à « la foi qui sauve », les résultats spirituels étaient tout. Il vit dans les idées de Pearsall Smith l'affirmation énergique, impressionnante, du salut par grâce, *fide sola*; il n'y vit point le quiétisme. Il prêcha le réveil de Pearsall Smith à la façon de Calvin. Il appela les âmes à la perfection, et il crut que, pour devenir parfait, il suffisait d'avoir la foi. De la sanctification, il élimina la notion de lutte. Croyez que vous êtes saint : vous l'êtes : l'action de Christ y suffit.

Les réunions de Brighton contribuèrent à ancrer Edouard Monnier dans cette persuasion. Il y avait là un effort généreux pour retrouver un christianisme plus puissant sur la base de l'évangélisme. Cette combinaison des principes méthodistes avec la théologie de la Réforme, se fondant sur la valeur attribuée au sang de Christ, sur le libre-arbitre, et aboutissant à la rupture avec le monde, influa sur la pensée religieuse d'Edouard Monnier. On en retrouve des traces dans le rapport qu'il présenta aux Conférences pastorales de 1892 sur « la sanctification ».

La sanctification, disait-il, est la conséquence

nécessaire de la justification. Elle est un élément essentiel de toute conversion véritable. Elle consiste dans un abandon complet de tout péché connu, et dans une obéissance sincère à la volonté de Dieu. Le chrétien peut et doit avoir l'assurance qu'il a rompu avec le péché, et qu'il vit en bonne conscience devant Dieu. Retomber dans le péché est un grand malheur, qui peut entraîner la perte du salut, et qui doit absolument être évité.

La sanctification est donc entière dès qu'elle existe ; mais en même temps, elle est toujours progressive et imparfaite, car l'obéissance à Dieu donne une vue toujours plus profonde du péché, d'une part, et de la perfection, de l'autre.

Edouard Monnier fut conduit, par le progrès naturel de sa réflexion, à éliminer de la sanctification tout reste de quiétisme, et les idées de Pearsall Smith lui servirent de pont pour passer d'une prédication fondée sur la justification à une prédication fondée sur la sanctification. Sa parole prit dès lors un tour plus direct ; il insista davantage sur le côté pratique de la vie chrétienne, il prit ses textes dans les Evangiles, laissant de côté les Epîtres de Paul, où jusqu'alors il avait presque exclusivement puisé. Ses sermons furent d'autant plus appréciés : durant les dix dernières années de sa vie, on eut l'impression qu'il se décidait enfin à puiser à pleines mains dans les trésors de son expérience chrétienne. C'était toujours la même piété, mais qui, au lieu de remonter aux principes,

en déduisait des applications simples et familières,
suivant le mode de l'épître de Jacques. D'ailleurs,
ce changement correspondait à une modification
profonde. Dans la bibliothèque intime d'Edouard
Monnier, Vinet avait remplacé Adolphe Monod. Il
avait fini par se convaincre que le monde moderne
n'était guère accessible à l'Evangile présenté sous
sa forme paulinienne. Lui, si préoccupé d'agir sur
la société indifférente ou athée, il cherchait naturellement à ordonner son exposé de l'Evangile
autour d'une idée centrale qui fût propre à conqué-
rir les âmes. Il renonçait à trouver cette idée dans
la théologie de saint Paul : il la cherchait dans le
quatrième Evangile. « La théologie de saint Paul,
écrivait-il en 1894, est foncièrement la même que
celle de saint Jean, mais elle s'en distingue tout à
fait par la manière dont elle est présentée et les
motifs sur lesquels elle s'appuie, lesquels sont tirés
de l'idée de justice, qui donnait une grande prise
sur les Juifs, puis sur les Romains, et qui a trouvé un
grand accès auprès des catholiques, lors de la Réformation. Il me semble que les Grecs, qui n'avaient
pas cette notion au même degré, et les Alexandrins,
ont été moins accessibles à cette forme de théologie,
et bien plus à celle de saint Jean. Et je me demande
si notre génération n'est pas un peu dans la même
situation. L'idée de justice, de condamnation, s'est
évanouie ; et en y faisant appel, nous frappons en
quelque sorte dans le vide. Peut-être trouverions-
nous cette prise qui nous manque en présentant

davantage la perspective des ténèbres, de la mort, pour annoncer la lumière et la vie. Je crois que c'est de ce côté-là qu'il faut chercher, non pour annoncer autre chose, mais pour apporter la même chose d'une façon qui serait mieux comprise, et qui trouverait mieux l'accès des âmes. »

« Je tiens à préciser, ajoutait-il dans une autre lettre, que ce n'est pas l'idée des peines éternelles qui me semble être mise au second plan par la théologie johannique. Il y est assez parlé de la mort et de celui qui y *demeure*. C'est l'idée de la justice de la loi accomplie, des peines souffertes par Jésus-Christ. Toutes choses qui sont vraies, mais peut-être plutôt à titre d'explication que comme le fond même des choses, qui paraît être la *vie* communiquée par Christ à ceux qui répondent à son appel. »

On le voit : si Edouard Monnier a cru devoir modifier sa façon de présenter l'Evangile, ce n'était point un signe de latitudinarisme. Il cherchait le moyen de mieux adapter l'Evangile — le même Evangile — aux besoins contemporains.

Il sentait le besoin de donner à ses discours un tréfonds aussi solide que possible. Il s'était assimilé la moelle des bons prédicateurs, et s'il préférait les sermons protestants, notamment ceux d'Adolphe Monod, qu'il possédait à fond, et ceux de son ami M. Babut, il pratiquait aussi les sermonnaires catholiques : il lisait volontiers Bossuet, en qui il admirait surtout l'emploi judicieux et magnifique

de l'Ancien Testament, et aussi Bourdaloue et
Lacordaire. Le beau livre de Monseigneur Bou-
gaud sur la *Douleur* lui a inspiré un de ses ser-
mons les plus appréciés. Dans sa bibliothèque,
Vinet et Louis Meyer fraternisaient avec Gratry et
Perreyve.

Il croyait surtout à la vertu de la préparation
indirecte. Il s'efforçait de se maintenir dans le
plein de la culture de son temps. Il s'occupait de
questions théologiques, lisant avec infiniment de
soin les ouvrages nouveaux de théologie française.
S'il en était resté, en fait de critique, à Reuss,
c'est que les opinions du maître de Strasbourg,
inspirées par le sens exégétique le plus raffiné,
n'ont été contredites jusqu'ici par aucun « fait
nouveau ». Mais il avait continué d'étudier. Il lisait
dans la langue originale, tous les jours, l'Ancien
comme le Nouveau Testament. Hébraïsant très
solide, il travailla à la révision synodale de la
Bible. On lui doit la traduction du livre des *Pro-
verbes*, traduction généralement sûre, et remarquable par sa clarté. Il a été l'un des fondateurs de
l'Union Pastorale du Vermandois, où les pasteurs
de la région se réunissent pour faire ensemble
l'exégèse d'un chapitre du Nouveau Testament, et
pour s'entretenir d'un sujet de doctrine ou de pratique pastorale. Une seule fois dans tout le cours
de sa carrière (et ce ne fut pas l'année de sa mort),
il fit défaut aux Conférences pastorales de Paris.
Il remettait volontiers sur le chantier les **grands**

problèmes d'histoire et de doctrine, et il motivait toujours son opinion par les arguments les plus réfléchis.

Favorable à la théologie indépendante, il lui reprochait une certaine tendance à voir dans les récits bibliques des contradictions, à se buter à des détails, à élever des conflits inutiles entre la science et la foi. Il était, lui, essentiellement, un conciliateur. Il cherchait la formule d'accord entre les opinions opposées. Ainsi, il écrivait à propos de la naissance miraculeuse :

« Le prologue de Jean ne contredit en rien ces récits. Ils sont une confirmation de cette parole : « Le Verbe a été fait chair. » Leur contenu répond à un besoin de la raison humaine, qui attend quelque chose d'extraordinaire dans la venue de la Parole faite chair ; il est bien dans son ensemble un postulat légitime de la foi de l'Eglise chrétienne. *Je ne veux pas dire qu'il soit article de foi pour le théologien chrétien ; mais il est pour ainsi dire la formule populaire de la divinité du Sauveur, et, dans la conscience du peuple chrétien, ne peut s'en séparer.* Je reconnais qu'il y a de l'obscurité dans l'origine de ces récits : il y a même quelques contradictions : ils ne sont pas tombés du ciel, nous le savons, mais ce sont des souvenirs plus ou moins bien conservés, pleins de foi et de poésie, que l'Eglise a acceptés dès le début, et qui doivent, dans leur ensemble, être conservés avec confiance et avec respect. »

On voit combien Edouard Monnier possédait de sens historique. Respectueux de la tradition, respectueux de la conscience, avec quelle délicatesse il ménageait les scrupules de ceux qui se sentaient aux prises avec des difficultés doctrinales ! Il aurait voulu que tous fissent taire leurs répugnances et leurs doutes en face de ce devoir : s'unir à l'Eglise qui seule peut sauver la France.

Mais, s'il était partisan de ces sacrifices qui subordonnent aux besoins religieux de la masse les préférences individuelles, jamais il ne lui est arrivé de prononcer une affirmation religieuse qui ne fût en lui objet de pleine certitude. Il aimait à parler des textes qu'il avait le désir de traiter. Comme on lui proposait le récit de la Transfiguration, et celui de la multiplication des pains, sur lesquels il n'avait jamais prêché, il dit à son interlocuteur : « Vous êtes jeune, vous pouvez prêcher sur ces sujets. Moi, je vais bientôt paraître devant Dieu. Je ne puis plus prêcher que sur des sujets où je sois parfaitement au clair. » Je n'ai pas besoin de commenter cette parole : elle va jusqu'à la racine des choses. Ici, toute espèce de littérature a disparu : tout ce qui n'est pas *réel* s'évanouit. Et c'est pourquoi les derniers sermons d'Edouard Monnier, prononcés d'une voix qui s'éteignait, ont produit sur son Eglise une impression incomparable.

III

Il accueillait toutes les clartés, d'où qu'elles vinssent ; et lors de sa dernière maladie, assis sur l'herbe, près du chalet où on l'avait transporté, il lisait encore avec un intérêt infatigable l'*Inconnu*, de Flammarion, penché sur ce gouffre du monde psychique où il espérait trouver plus de lumière.

L'histoire le passionnait. Il connaissait à fond l'histoire contemporaine, et il en suivait les péripéties avec une attention qui ne se démentit jamais ; le sûr moyen de le distraire de ses souffrances, durant cette terrible année 1900 où il dut se détacher par degrés de tout ce qu'il aimait, c'était de le renseigner sur les événements du Transvaal. Alors, il reprenait son entrain, pour discuter les opérations militaires et signaler, avec son étonnante compétence, les erreurs commises.

Il avait toujours eu une prédilection pour les sciences naturelles. L'idée d'évolution s'était emparée de son esprit. Il s'était pénétré de la lecture des ouvrages de Darwin. Il voyait dans le transformisme la manifestation historique et concrète de la volonté créatrice de Dieu. Cette hypothèse lui semblait plus digne de la grandeur divine : il l'admettait sans la moindre hésitation. Il avait poussé très loin ses études de botanique : il récoltait assidûment, chaque été, de nouvelles plantes ; et, quoiqu'il fût né collectionneur, ce n'était pas uniquement le désir de compléter une collection qui le poussait à ces recherches : il cherchait dans l'étude des plantes de nouvelles preuves du transformisme. Il étudiait notamment la grande famille des *rubus*, et la fécondité des hybrides de cette famille lui fournissait un argument important en faveur des idées évolutionistes qui lui étaient chères.

Il aimait feuilleter le livre de la nature. Il y apportait un zèle qui allait jusqu'à la passion. Dès son enfance, il avait couru les environs de Nancy à la recherche des papillons. Plus tard, il s'occupa de géologie. Puis, sans qu'il eût jamais renoncé à son goût pour les insectes et pour les minéraux, ce fut la botanique qui prit un rôle prépondérant dans ses occupations de vacances. Elle fut d'emblée un terrain de rapprochement entre lui et son beau-frère le docteur Alioth, qui devint son ami le plus cher. M. Alioth réalisait le type, à peu près disparu aujourd'hui, du médecin qui soigne sa clientèle avec tant de dévouement, qu'au lieu de s'enrichir par elle, il lui sacrifie une partie de son avoir. C'était un vrai savant. C'était aussi un croyant. Sa noblesse de cœur, sa générosité, la simplicité parfaite qu'il apportait à toutes choses, charmèrent dès l'abord son beau-frère. Ces deux hommes, rapprochés par l'amour de la nature autant que par les liens de famille, se complétaient admirablement. Pendant les

séjours de famille à Arlesheim, ils coururent ensemble le Jura, à la recherche de leurs *rubus*. De
temps à autre, ils projetaient quelque tournée dans
les Alpes, qu'ils exécutaient rapidement, mais qui
était pour eux, si courte qu'elle fût, riche de souvenirs. Tantôt, ils s'en allaient herboriser dans
le Var et dans les Alpes-Maritimes, par une chaleur torride ; tantôt, ils parcouraient l'Engadine,
ou la région des lacs italiens. Toujours très gais,
ils s'entendaient à merveille, sauf sur un seul point.
M. Alioth appréciait l'utilité des « petites voitures »,
et il s'efforçait en vain de la faire comprendre à
son beau-frère. Mais il marchait admirablement, et
s'accommodait avec une bonne humeur parfaite de
tous les contretemps, de toutes les privations.

Le soir, arrivé au gîte, on faisait sécher les plantes récoltées pendant le jour. Quand on était de
retour à Arlesheim, c'étaient d'interminables parties d'échecs. Edouard Monnier était passé maître
dans ce petit jeu de la guerre, où ses talents stratégiques faisaient merveille.

Ainsi se passaient des jours heureux. Il n'y avait
qu'un point noir dans ces vacances d'Arlesheim.
Edouard Monnier, qui jamais n'eut l'âme effleurée
par aucun sentiment médiocre, eut à lutter à
Arlesheim contre un petit démon qui ressemblait
fort au démon de la jalousie. Il faillit être jaloux
de M. Jules Bonnet.

L'historien auquel on doit les *Récits du seizième
siècle*, le panégyriste de Renée de Ferrare, était un

habitué d'Arlesheim. M. Alioth l'avait pris en affection, et l'associait volontiers à ses courses. Jules Bonnet avait une esthétique qui était bien à lui : il avait l'habitude de regarder le paysage entre ses jambes, qui étaient fort longues. Au contact de la nature, il devenait lyrique, tout comme s'il pensait à son héroïne. Mais, hélas ! les courses qu'on entreprenait en sa compagnie s'achevaient souvent de tragique façon. Quand il se sentait fatigué, il s'asseyait sur une pierre, en s'écriant : « Laissez-moi mourir ici ! » On avait beaucoup de peine à le dissuader de cette résolution extrême et à le remettre en route. Tel était Jules Bonnet, l'excellent historien, auquel Edouard Monnier pardonnait malaisément son assiduité, mais qu'il aimait bien cependant. Il eut une triste fin. Il s'était voué au culte de Renée de Ferrare ; un jour, d'irréfutables documents lui apprirent que sa sainte n'avait pas été exempte des faiblesses de son siècle. Il ne put survivre à cette découverte.

Les jours d'Arlesheim ne devaient pas durer. En 1877, M. Alioth mourait. A partir de ce moment Edouard Monnier ne toucha plus à son herbier. Cette magnifique collection de plantes, dont la seule vue remuait en lui tant de chers souvenirs, resta à l'abandon (1).

---

(1) Après la mort d'Edouard Monnier, cet herbier, qui est très riche en plantes alpestres, a été donné à la ville de Saint-Quentin. Il se trouve actuellement dans la Bibliothèque communale.

Un botaniste distingué, le docteur Christ, qui avait beaucoup connu Edouard Monnier lors de ses séjours à Arlesheim, lui a rendu ce beau témoignage : « Je puis affirmer qu'il possédait cette science (la botanique) à un degré rare chez un homme d'une tout autre vocation. Il connaissait la flore de la France et de la Suisse à fond, et m'a paru fort versé dans la littérature botanique. Tout l'intéressait : surtout les variations, leurs causes, leur rôle dans l'évolution. Les courses avec un tel amateur, — disons mieux : avec un tel maître, — étaient charmantes ; les discussions s'animaient à propos de quelque plante, et prenaient toujours, grâce à la verve et à l'esprit élevé de M. Monnier, une tournure des plus attrayantes vers les choses élevées et souvent vers l'éternité. C'était la gloire du Créateur que M. Monnier cherchait dans la création (1). »

IV

Arlesheim fermé, il restait Sainte-Marie-aux-

(1) Disons, en passant, que M. Christ a donné à une plante le nom d'Edouard Monnier (*Rosa abietina f. Monnieri*, Christ in flora *LXII*, 475, 1874, rebaptisée par Crépin sous le nom de *Rosa Uriensis v. Monnieri*). C'est, comme il l'a dit, un souvenir « *œre perennius quia virens* » de ces recherches qui mirent tant de joie dans les vacances d'Edouard Monnier.

Mines, autre maison familiale, où Edouard Monnier envoya maintes fois ses enfants. Leur tante, madame Blech, fut pour eux une seconde mère. Infiniment tendre et fière à la fois, elle avait fait de Sainte-Marie, pour ces petits, un véritable paradis terrestre. A sa mort, son mari garda cette tradition d'affectueuse hospitalité. M. Jean-Jacques Blech était une des figures les plus populaires de l'endroit. Sa bonhomie, sa générosité, le rendaient sympathique à tous. Dans les circonstances difficiles, on pouvait compter sur son affection fidèle et sur les conseils éclairés de son expérience.

Edouard Monnier parcourut les environs de Sainte-Marie-aux Mines. Il connaissait les moindres sentiers de ces montagnes charmantes, si richement boisées, avec leurs vallons verdoyants où chantent des ruisseaux clairs.

Il aimait les Vosges. Mais par dessus tout, il aimait les Alpes.

Toute une année à l'avance, à peine les vacances achevées, il ébauchait de nouveaux plans pour l'année suivante. Il jetait son dévolu successivement sur toutes les régions de la Suisse. Il les parcourait à pied. Il était resté un vrai touriste, — dédaignant de se servir des voitures et des chemins de fer, emportant tout son bagage avec lui, évitant les grands hôtels où sévissent les domestiques en habit noir (il ne pouvait se faire à la vue de ces spécimens sympathiques de l'humanité), se passant de guides, en vertu des mêmes principes d'économie et de simplicité. Ce n'était pas un alpiniste : c'était un des derniers représentants du tourisme à l'ancienne manière. Il ne faisait pas de sport : il aimait la nature, tout spécialement la nature alpestre, et il était heureux d'y vivre quelques semaines chaque année. Il choisissait de préférence les routes moyennes, les cols où passent des chemins de mulets. Il aimait à gravir les montagnes gazonneuses, dont l'altitude varie entre deux mille cinq cents et trois mille mètres. Il avait le pied très sûr, et il possédait un véritable génie d'orientation, qui lui permettait de faire des courses plus difficiles que celles qu'un voyageur sans guides entreprend habituellement. Mais il choisissait de préférence les observatoires situés à mi-hauteur des grandes cimes, et d'où on les contemple dans toute leur majesté.

Dans ces voyages, il traitait durement son corps. Il ne craignait pas de s'exposer aux pluies torrentielles et à la chaleur de midi, sur des routes brûlantes, entre des murs de roche : c'est ainsi qu'il remonta à pied, en plein mois d'août, la terrible vallée de la Romanche, de Vizille au Lautaret, — vingt lieues de soleil, sans un arbre. Jusqu'aux dernières années de sa vie (jusqu'à l'âge de soixante-sept ans), il fit des voyages de quinze jours à un mois, dans lesquels il abattait en moyenne de trente-cinq à cinquante kilomètres par jour (il se souvenait avec orgueil d'en avoir fait quatre-vingts dans sa jeunesse, de Nancy à Plombières). Dans ces voyages, il était accompagné par l'un ou l'autre de ses fils, et il profitait de ces moments de détente pour travailler à leur éducation intellectuelle et morale, tout en les initiant au charme intime de la nature.

Lorsqu'il se rendait avec d'autres pasteurs à un lieu de réunion, soit au Synode régional, soit à l'Assemblée de la *Société du Nord*, il leur donnait obstinément l'exemple de la marche, et, malgré leurs préférences intimes pour un mode de locomotion plus rapide et plus confortable, les jeunes collègues étaient obligés de le suivre par de soi-disant chemins de traverse qui étaient en réalité des terres labourées. On faisait ainsi dix, quinze, vingt kilomètres. Quand on était arrivé à destination, Edouard Monnier était le plus dispos, quelquefois le seul dispos de la caravane, comme son appétit en fournissait l'irrécusable témoignage. Après avoir bien travaillé et discouru, il s'en retournait par la même voie. La pluie et la neige ne l'impressionnaient nullement. Il donnait ainsi aux jeunes de véritables leçons d'énergie. Peut-être était-ce son intention « de derrière la tête. » Dans ses pérégrinations, il emportait en bandoulière un sac de cuir, qui ne le quittait jamais : ce sac était fait d'après un modèle fort ancien, et il y avait bien des années que les touristes n'en portaient plus de pareils ; mais Edouard Monnier restait obstinément fidèle à cet objet fort lourd et assez disgracieux, où il voyait tous les avantages, en premier lieu le plus contestable de tous : l'avantage de la commodité. Dans tout le Nord, le « sac de M. Monnier » était célèbre, à tel point que M. Lacheret, l'apercevant sur une route de l'Engadine, s'écria : « Mais c'est le sac de M. Monnier ! » et reconnut ainsi son collègue.

Avec ce sac, il allait partout : sur les glaciers, chez les mineurs, dans les châteaux. Il aimait à répéter le mot de Bias : *Omnia mecum fero ! Omnia*, c'était, dans l'espèce, peu de chose.

Edouard Monnier était d'une sobriété extrême. A la montagne, durant la halte de midi, un peu de pain sec trempé dans l'eau d'une source, et assaisonné d'un œuf, d'une plaquette de chocolat et parfois, luxe rare, de quelques fruits, composait son repas.

Il apportait d'ailleurs jusque dans la vie civilisée les mêmes habitudes de simplicité.

Il se rendait au synode du Vigan, avec son ami M. Paul Trocmé et d'autres laïques. Quand l'heure du repas fut venue, les autres descendirent au buffet. Lui se mit à sortir de son sac des poires, dont il avait emporté une provision ; et il en fit son repas. Et tout le long du chemin, il ne mangea que des poires, à la grande admiration de ses voisins. Cependant, on fit halte à Alais. Il faisait très chaud. Pour être membre du Synode, on n'en est pas moins homme. Les délégués synodaux avaient soif : ils se dirigèrent vers le plus proche café. Mais Edouard Monnier avait aperçu une fontaine : les gens très corrects qui l'accompagnaient le virent avec stupeur s'approcher de ladite fontaine, tirer de sa poche un gobelet de cuir, qui ne le quittait pas plus que son sac, et se rafraîchir abondamment, non sans avoir commencé par offrir à ses compagnons de route d'en faire autant.

Il aimait à donner ainsi, discrètement, des leçons de frugalité. Lui, très généreux de cœur, et porté d'instinct à la prodigalité, il poussait l'économie jusqu'à trouver laid ce qui était cher. Il usait, par principe, ses vêtements jusqu'à la corde. Il était tout fier d'une vieille pelisse, qui, disait-il, lui avait économisé bien de l'argent (en lui permettant de voyager de nuit, l'hiver, en troisième classe). Et il montrait avec orgueil une redingote qui, disait-il, avait quinze ans. Elle les portait, d'ailleurs.

On pourrait conter mille incidents où s'atteste cette merveilleuse simplicité. Une nuit, Edouard Monnier arriva sans avoir prévenu, (c'était un peu son habitude), chez son frère, qui habitait alors le château de Foëcy. Ne pouvant se résoudre à réveiller la maison, il chercha un moyen d'y pénétrer sans faire de bruit. En tournant autour, il avisa une fenêtre qui était restée ouverte, au rez-de-chaussée. Il l'escalada avec son agilité coutumière, et se trouva dans le billard. C'était parfait. Il s'allongea sur un divan, résolu d'attendre sans bouger que le jour vînt. Comme il fallait s'y attendre, le sommeil le prit, et les gens de M. Frédéric Monnier le trouvèrent, avec stupeur, dormant à poings fermés. Ils coururent prévenir leur maître qu'il y avait « un homme dans le billard ». On imagine aisément la stupéfaction de M. Frédéric Monnier, et qu'elle ait redoublé quand il reconnut dans cet intrus endormi sur un canapé de sa noble demeure... son propre frère.

V

Des traits comme celui-là semblent indiquer une originalité un peu forte. Et cependant, Edouard Monnier n'avait rien de ce qu'on est convenu d'appeler « un original ». Il était très simple, mais il était aussi très digne. Il se mettait au-dessus des préjugés sociaux : il méprisait toutes les choses extérieures ; mais dans sa simplicité, il devenait, d'emblée, l'égal de tout le monde. Il arrivait dans un salon, au milieu d'une société élégante et raffinée, avec ses larges souliers et sa redingote de coupe antique ; et, au bout d'un moment, tout le monde faisait cercle autour de lui ; on se sentait d'emblée en présence d'un homme supérieur ; on était tout au charme de cette conversation si vivante, si colorée. Et lui non plus ne voyait pas ce luxe qui l'environnait, et il l'eût remarqué, qu'il n'en eût pas été impressionné : n'avait-il pas renoncé à tout cela, le jour où il avait sacrifié le plus bel avenir terrestre, pour devenir un modeste évan-

géliste au service du Maître ?... Aussi avait-il la
parfaite aisance de ceux pour qui l'âme humaine
compte seule, et à qui les distinctions sociales sont
parfaitement indifférentes. Sa conversation au milieu des gens du monde avait quelque chose de plus
nourri et de plus élevé que ses entretiens avec les
mineurs, auxquels il demandait des nouvelles de
leur petit jardin ; mais, ici comme là, il se mettait
sans effort au niveau de ses interlocuteurs, et c'est
ainsi qu'il les élevait au sien.

On comprend qu'il ait été si profondément aimé
de son Eglise. Partout, il se sentait chez lui. Les
ouvriers avaient l'impression, en le voyant, qu'il
ne croyait pas une minute déchoir en s'intéressant
à leurs préoccupations ; les bourgeois voyaient en
lui un ami ; il s'asseyait à la table du pauvre comme
à celle du riche ; il les aimait tous également d'une
affection fidèle et profonde, silencieuse, un peu trop
silencieuse parfois, mais dont la certitude se déga-
geait de toute sa manière d'être.

Ce qui le caractérisait, c'était avant tout une profonde bonté. Il était toujours porté à excuser les
autres ; il avait une touchante indulgence pour les
pécheurs qui sollicitaient les secours du diaconat.
Il excusait leur inconduite, et à toutes les objections présentées par des diacres exigeants, il répondait : « Il n'est pas si mauvais que vous croyez. » Ce
qui surtout navrait ses diacres, c'était la facilité
avec laquelle il délivrait des bons aux mendiants
incorrigibles qui venaient assiéger sa porte. On lui

en faisait respectueusement le reproche. « Vous avez raison, disait-il ; je n'en donnerai plus. » Et la semaine suivante, il recommençait. Sa longue expérience des fourberies humaines n'avait pu entamer sa charité. Il avait une grande réserve pour tout ce qui touchait à la vie de l'âme : il craignait de fausser les ressorts délicats en y touchant d'une main trop forte. Il ne cherchait pas les confidences ; et peut-être, à cet égard, la pudeur des choses de l'âme fut-elle compliquée chez lui d'une espèce de timidité un peu excessive. Il n'enveloppait pas les âmes de cette chaude atmosphère de sympathie où la confiance s'épanouit naturellement. Il restait sur les hauteurs. Sa cure d'âmes ressemblait à sa prédication. Elle prit un tour plus intime quand sa prédication se fut transformée. Il parla avec plus d'abandon, en particulier, des choses de Dieu. En même temps, il s'établissait entre lui et ses paroissiens des relations d'une nature très particulière et très touchante. Ils prenaient l'habitude de le considérer comme un père. Ils l'entouraient de vénération. Il avait dirigé leur instruction religieuse ; il les avait mariés ; il avait baptisé leurs enfants, enterré leurs morts : il leur rappelait leurs plus chers souvenirs, et l'habitude n'avait fait que resserrer ces liens qui si souvent se défont, au bout d'un certain nombre d'années, par l'indifférence des fidèles et la monotonie des routines pastorales. Et lui, il les aimait comme ses enfants, et du haut de la chaire, il leur dispensait le pain de vie.

VI

Pendant de longues années, la maison d'Edouard Monnier fut un véritable foyer pour les pasteurs de la région. Ils pouvaient y venir à toute heure, et à l'improviste : ils étaient toujours les bienvenus. Il en était ainsi dès les temps lointains du presbytère de Fresnoy, quand M. Larcher et M. Fosse venaient égayer la solitude de leur ami. M. Larcher avait une voix charmante, et il chantait, au dessert, les chansons de Béranger, très à la mode à cette époque, et dont les belliqueux champions du protestantisme goûtaient fort la bonhomie narquoise et la saveur anticléricale.

C'était une figure bien intéressante que celle de M. Charles Larcher. Doué d'un remarquable talent d'orateur, il ne s'était pas confiné dans la pratique du ministère des âmes. Il avait entrepris de guérir les corps de ses paroissiens. Il avait sondé les secrets de l'homéopathie, à laquelle il croyait fermement. Il employait sa science à un ministère de charité où il lui fut donné d'opérer des cures merveilleuses. C'est à l'influence de cet ami qu'Edouard Monnier a dû de pouvoir, lui aussi, soulager bien des souffrances par le moyen de la médecine homéopathique.

Madame Larcher avait mis sa grande distinction au service de la jeunesse. On garde encore, à Hargicourt, le souvenir des écoles du dimanche qu'elle faisait pour les petits, et qui attiraient, en dehors de ceux à qui elles étaient destinées, un nombreux auditoire.

A quelque distance d'Hargicourt, c'était Nauroy — la paroisse la plus voisine de Fresnoy et de Saint-Quentin. Là, M. Adolphe Larcher avait pris à cœur de reprendre les traditions de bonté et de charité qui ont gravé pour jamais dans le cœur des habitants de Nauroy le nom de M. Vernes. Et lui aussi était pour Edouard Monnier un ami excellent.

Quant à l'Eglise de Fresnoy, elle devint une véritable annexe de Saint-Quentin, par suite des rapports d'affectueuse amitié qui unirent les différents pasteurs de Fresnoy avec leur prédécesseur. L'un d'eux, M. Delinotte, continua son œuvre au milieu des populations catholiques avec un remarquable succès. C'était un ancien prêtre ; mais il n'avait pas la mentalité du prêtre défroqué. Il n'était que piété, sincérité et douceur. Il végéta longtemps, atteint d'une maladie de poitrine, et mourut comme un saint (1).

Il y aurait tant d'autres noms à rappeler ! Edouard Monnier ne faisait aucune différence entre ses collègues. Il n'avait point d'antipathies, ou s'il en avait, il s'efforçait de les refouler. Sa franchise blessait parfois, mais son cœur était toujours ai-

____

(1) Voir l'*Eglise Libre* du 19 février 1874.

mant, et son accueil fraternel (1). Les réceptions qu'il organisait à chaque réunion de la Société du Nord ont tenu une grande place dans sa vie. Il fixait lui-même le menu du repas, toujours très simple. On ajoutait rallonges sur rallonges à la grande table de famille. Une gaieté franche assaisonnait les entretiens. Edouard Monnier s'efforçait toujours d'amener la conversation sur des sujets utiles : c'était le moyen sûr d'écarter les propos relatifs au prochain. Tout manque de charité, tout jugement téméraire lui faisait mal. Il ne pouvait souffrir qu'on rabaissât devant lui ceux qui faisaient le bien; et il s'efforçait de jeter sur les faiblesses de ceux qui, réellement, prêtaient à la critique, le voile de la charité. Quand on démolissait devant lui une des gloires du protestantisme, il disait avec impatience : « Si on attaque ainsi les meilleurs, que nous reste-t-il? » Pour les mêmes raisons, il n'aimait guère les journaux religieux.

Durant les dernières années de son ministère, il y eut en lui comme un nouveau printemps. Il s'attacha particulièrement aux jeunes, en qui il mettait

___

(1) Très préoccupé du dénûment de certains ménages pastoraux, Edouard Monnier avait fondé la *Caisse Pastorale* pour l'augmentation du traitement des pasteurs du Nord. C'était, dans l'Eglise Réformée de France, la première institution de ce genre. Le capital ainsi constitué s'éleva en peu d'années à cent mille francs. Dans la pensée d'Edouard Monnier, c'était un moyen de se préparer à la séparation des Eglises et de l'Etat.

son espoir, s'efforçant de leur léguer l'héritage de
ses expériences et de ses saintes ambitions. Ils se
sentaient en confiance avec lui, et bien souvent, ils
trouvèrent auprès de lui l'appui dont ils avaient
besoin, dans les découragements qui marquent
le début de toute carrière pastorale.

Assurément, il ne les suivait pas jusqu'au bout
dans leurs revendications. Si désireux qu'il fût de
se maintenir dans le courant des aspirations modernes, il ne fut jamais ce qu'on appelle un « chrétien-social ». Il ne croyait qu'à l'Evangile ; toutes
les réformes sociales du monde lui faisaient l'effet
de remèdes illusoires : il n'y avait, selon lui, qu'une
force qui fût efficace pour transformer la société
humaine : la conversion. Et puis, il faut bien le
dire, l'âme des agriculteurs lorrains, ses ancêtres,
revivait en lui : il voyait dans la propriété un pro-
longement de la personnalité humaine, et toute
réforme qui devait risquer de compromettre la
propriété lui semblait une atteinte à des droits
sacrés. Il imaginait encore le socialisme sous la
forme chimérique des Icaries de 48. Comme il ne
refusait jamais de s'éclairer, il voulut se mettre
au courant du socialisme moderne : il lut le *Capital*
de Karl Marx, et cette lecture le renforça dans
son opposition. Mais il comprenait qu'on pensât
différemment. Et ses amis, les chrétiens-sociaux
du Nord, comprenaient aussi qu'il éprouvât quelque
difficulté à les suivre. M. Quiévreux a admirablement expliqué, dans la *Vie Nouvelle*, son attitude

à l'égard du mouvement chrétien-social. « M. Monnier, disait-il, n'a jamais pris le nom de chrétien-social. Au moment où il a commencé son ministère, les questions ne se posaient pas comme elles se posent aujourd'hui. C'était au lendemain de 1848, une grande fermentation régnait dans les esprits. Quelques hommes conçurent l'espoir d'amener directement leur peuple à l'Evangile... L'évangélisation était leur grand mot d'ordre et la passion de leur vie... Il a été le chef incontesté de la troupe d'évangélistes qui s'est mise joyeusement à la conquête de nos populations du Nord, et en particulier, de nos populations ouvrières. »

Puis faisant allusion aux tentatives morales et sociales, M. Quiévreux ajoutait :

« M. Monnier suivait avec sympathie toutes ces tentatives. Il comprenait qu'en nous efforçant d'adapter nos méthodes aux conditions nouvelles, nous poursuivions le même but et nous avions le même espoir : l'évangélisation dans le sens large du mot, la pénétration des âmes et des sociétés humaines par l'Evangile. »

Edouard Monnier était le meilleur des collègues. Ce qu'il fut comme éducateur, à la fois très ferme et très doux, il ne nous appartient pas de le dire. Il aimait tendrement ses enfants, et leurs joies étaient ses joies. Leurs moindres préoccupations devenaient les siennes. Il s'occupait, avec une sollicitude infinie, de développer leur esprit et leur cœur ; et jamais son activité pastorale, si intense qu'elle fût, ne se dressa entre lui et ses devoirs de famille. Il avait besoin d'être entouré par les siens, et son grand bonheur était de voir au complet ce cercle de famille dont tous les membres occupaient une telle place dans son cœur.

VII

Peu d'hommes ont été aussi complets ; peu d'hommes aussi ont progressé d'une façon aussi continue. Il y a là un enseignement à retenir.

Au début de son ministère, Edouard Monnier, tout enflammé par les idées du Réveil, déclarait la guerre au libéralisme ecclésiastique, qu'il tenait pour la négation du christianisme, et au catholicisme, où il ne voyait qu'un paganisme plus dangereux. Le pape était à ses yeux, *cum grano salis* naturellement, la Bête de l'Apocalypse. En théologie, il était paulinien ; mais il admettait l'interprétation orthodoxe du paulinisme. Il prêchait la justification par la foi, et il s'en tenait là. C'était un évangéliste, courageux jusqu'à la témérité, prêt à donner sa vie pour ses convictions ; avec cela, vif, emporté, excessif en ses vues, exclusif en ses sympathies.

Au terme de sa carrière, il est devenu l'esprit libéral par excellence.

A ses heures perdues, il a imaginé la trame d'un roman historique, qu'il situe dans les vallées vaudoises du Piémont : le héros en est un protestant ingénieux, dont les ruses confondent la perfidie du *traître*, qui est naturellement un moine. Ce roman ne verra jamais le jour. L'anticléricalisme d'Edouard Monnier s'est réfugié dans son imagination.

Il se déclare hautement partisan de la « tolérance à l'égard des intolérants » ; il déplore les mesures prises contre les catholiques ; il ne voit de salut que dans la liberté Il a banni de ses discours la controverse ; il lit avec édification des écrivains catholiques.

Parallèlement, il abandonne l'extrême droite pour le centre droit, il devient un des défenseurs les plus résolus de la conciliation ecclésiastique, et il travaille de toutes ses forces à l'apaisement, au risque de compromettre sa situation dans l'Eglise et l'autorité morale que lui ont valu de longs services.

Entre temps, il n'a négligé aucun moyen d'étendre le champ de ses connaissances. Histoire, philosophie, sciences, il n'est aucune branche du savoir humain dont il ne se soit efforcé de retirer quelque profit ; et tout cela, non pour satisfaire une vaine curiosité de l'esprit, mais pour être plus à la hauteur de sa tâche. Il fait passer dans ses sermons la sève de ses réflexions et de ses lectures : et ainsi, tandis que ses forces déclinent sous l'influence de l'âge et de la maladie, son action spirituelle ne fait que grandir. Le théologien, le pasteur, l'homme de science, l'homme d'Eglise, l'homme privé n'ont pas cessé de se développer en lui, d'une façon simultanée et harmonique. Aucune épreuve n'a pu arrêter ce progrès. La maladie seule viendra l'enrayer.

VIII

La vie ne lui avait pas été douce. Elle lui avait ravi, l'un après l'autre, ses amis les plus chers : Henri de l'Espée d'abord, puis M. Alioth, puis M. Flye, et tant d'autres. Ses condisciples de Strasbourg avaient disparu ou vivaient loin de lui. Sa chère Malgrange lui était fermée à jamais ; les propriétés qu'il avait conservées à Tomblaine lui étaient une source permanente de soucis et de menus désastres. Lui, si clairvoyant quand il s'agissait d'implanter l'Evangile et de le défendre, il se trouvait désarmé dès qu'il lui fallait soutenir ses intérêts contre la méchanceté et la fourberie des autres. De multiples deuils de famille attristaient son cœur : il avait perdu successivement, en dix années, presque tous ses beaux-frères et belles-sœurs, son frère, deux de ses gendres. D'autre part, il comptait trop sur ses forces physiques ; il les croyait inépuisables, et il continuait les longues marches de sa jeunesse, allant à pied à Pommery, à Hargicourt, sans se rendre compte que ces exercices dépensaient ses forces au lieu de les renouveler. Ainsi faisait-il également dans ces séjours de montagne, où il avait puisé si souvent un renouveau de jeunesse. Il en revenait chaque année plus fatigué. Enfin il se vit tel qu'il était : vieilli physiquement et miné déjà par une maladie dont la nature n'a jamais été bien définie, mais dont les causes étaient claires : excès de travail, d'une part, et de l'autre, efforts excessifs pour lutter contre un fardeau de soucis et de tristesses sous lequel son tempérament si robuste avait fini par fléchir.

Il essaya de lutter contre le mal, car il aimait la vie ; il l'aimait d'un amour naturel et profond, comme peut l'aimer une âme pure et croyante, qui ne s'est jamais abreuvée aux sources empoisonnées, et qui l'a reçue comme un bienfait de l'amour de Dieu. Il l'aimait pour les occasions de faire le bien qu'il y trouvait. Il aurait eu le désir de travailler longtemps encore à l'avancement du règne de Dieu : il avait le sentiment que sa tâche n'était pas terminée. Mais Dieu lui demandait ce suprême acte de foi en son amour : il s'y résolut. S'il eut des luttes à livrer — et comment n'en aurait-il pas eu ? — le secret en demeura enseveli dans son âme énergique et impénétrable.

Cependant une grande mélancolie était répandue sur ses traits. Sa seule fierté avait été d'être fort ; et à présent, il se sentait devenir faible comme un enfant, — plus faible de jour en jour. Pendant deux ans, il devait ainsi descendre la pente, avec quel-

ques renouveaux de vigueur et d'espoir qui ne faisaient que rendre les déceptions plus amères.

Au printemps de 1900, il eut une suprême joie.
Ses paroissiens avaient résolu secrètement de fêter
le quarantième anniversaire de son ministère à
Saint-Quentin. Dans le temple, rempli comme aux
jours de grande fête, et décoré de verdure, l'Eglise
attendait son pasteur. Et successivement M. Paul
Trocmé, au nom de l'Eglise en général, M. Duconseil, au nom du conseil presbytéral, M. Fernand
Poëtte, au nom de l'Union chrétienne de jeunes
gens, M. Drancourt au nom du Diaconat, madame
A. Trocmé au nom du comité des dames, lurent
des adresses qui contenaient en termes émus l'expression de leur reconnaissance. On offrit à Edouard
Monnier le beau bronze de Chapu qui représente
la *Foi*. Il répondit d'une voix encore assurée et vibrante à ces témoignages d'affection. Puis, tous ses
paroissiens défilèrent devant lui en lui serrant la
main. On eût dit que des effluves d'affection passaient sur lui. Tous les cœurs étaient unis dans une
même pensée. Alors, pour la première, pour la
seule fois de sa vie, il pleura.

L'été venu, il présida encore l'assemblée générale de sa chère Société du Nord. Depuis plusieurs
semaines déjà, il avait dû renoncer à monter en
chaire. Ce jour-là (25 juin), il reparut dans le
temple, pâle et amaigri. Il avait rassemblé ses
dernières forces. Il était très affaissé cependant, et
ses amis se demandaient avec inquiétude s'il

pourrait parler, quand ils le virent étreindre des
deux mains, pour se lever, la table devant laquelle
il était assis. Cependant, il parla d'une voix faible,
mais nette encore, et qu'on entendit jusqu'au fond ;
et il parla admirablement. Il n'avait jamais donné
une telle preuve d'énergie. Car, à cette époque, il
était déjà presque un mourant.

De cette dernière allocution, il n'a pu être donné
qu'un résumé, mais très fidèle, dans le Rapport
de la Société du Nord.

Une dernière fois, Edouard Monnier avait voulu
jeter un coup d'œil d'ensemble sur la région qu'il
avait évangélisée ; et il concluait par un programme d'action qu'il laissait à ses successeurs.
« Ce n'est pas, disait-il, par des moyens extraordinaires que ces résultats bénis ont été obtenus. C'est
par un travail persévérant et fidèle, par l'action
de la vie chrétienne et de la foi vivante. L'avenir
sera tel que le passé ; il sera meilleur encore, car
les foyers de vie chrétienne en devenant plus grands
deviennent plus intenses. Soyons seulement fidèles,
et travaillons ! »

Durant l'été de 1900, il désira revoir ses chères
montagnes, son espoir suprême. Il se transporta,
debout encore quoique bien faible, dans le Val de
Bagnes, qu'il avait toujours désiré visiter. Là, ses
forces décrurent encore. Quand on le ramena, elles
étaient épuisées. Le wagon qui le transportait
resta quelque temps arrêté à Delémont. Ses yeux
clos par la fatigue se rouvrirent ; et il promena

un long regard sur l'amphithéâtre boisé du Jura. Il reconnaissait les chères montagnes qu'il avait parcourues avec Sigismond Alioth, dans les temps heureux. Il leur disait adieu.

Ensuite, ce fut le retour dans la maison dont il ne devait plus sortir. D'abord, il put rester dans son jardin, étendu sur une chaise longue, puis il fallut rentrer, et se mettre au lit, où finalement il se vit confiné. Il espérait encore se remettre ; mais il l'espérait de moins en moins. Il se voyait mourir. Pour un homme de cette énergie et de cette activité, c'était le pire supplice. Il l'endura avec une admirable patience, ne laissant rien voir aux siens de ce qu'il souffrait. Il aimait qu'on lui tînt la main sans parler, ou qu'on lui lût des passages de la Bible. Le jour où un de ses enfants lut le verset : « Ma grâce te suffit, car ma force s'accomplit dans la faiblesse, » il sourit.

Peu à peu, les préoccupations terrestres s'effaçaient de son esprit. Un jour, on lui parlait, pour le distraire, des menus racontars ecclésiastiques. « Tout cela, dit-il, c'est un brouillard. » Il était hors de la région des brouillards : tandis que son corps achevait de dépérir, son âme montait vers la lumière.

Il lui fut très doux de voir à son chevet sa sœur, dont l'affection fidèle et constante l'avait accompagné à travers la vie.

Quand il revit son collègue, M. de Saint-Affrique, il lui dit mélancoliquement : « C'est une rude école

que la souffrance! » Une autre fois, il lui dit:
« Maintenant je vois bien que mon activité est
terminée! » Et comme M. de Saint-Affrique lui
parlait des services rendus, il l'interrompit: « Ne
parlez pas de ce que j'ai fait. » Il aurait voulu
faire plus encore : c'était la raison la plus profonde
du chagrin qui le minait.

Il manda son collaborateur du Pas-de-Calais,
M. Boissonnas, et il lui confia la direction de la
Société du Nord. Dès lors, il put mourir en paix :
il savait que l'œuvre à laquelle il avait donné le
meilleur de sa vie était dans les mains sûres de
l'ami qui avait le mieux compris sa pensée et qui
partageait le mieux ses espoirs.

Le jour où il comprit que c'était fini, qu'il ne
guérirait pas, un calme étrange se fit en lui. Il
exprima le désir qu'on interrompît le traitement
par lequel on prolongeait artificiellement en lui un
reste de vie. Il accepta paisiblement la volonté de
Dieu, et se déclara prêt à partir. Il rassembla ce
qui lui restait de ses forces, qu'il économisait soigneusement, pour faire aux siens certaines recommandations précises. Il avait appris avec joie que
son petit-fils avait pris la résolution de suivre la
carrière pastorale : il le fit venir auprès de son lit
pour lui adresser un suprême encouragement.

Cependant, le dernier jour était venu. C'était un
dimanche. Les siens étaient rassemblés autour de
lui, l'entourant de leurs prières. Sa fille, qui ne
quittait pas son chevet, lui cita cette parole de

l'Apocalypse : « Je fus ravi en esprit un jour de dimanche. » Il eut un dernier sourire. Puis, son regard fit le tour du cercle de famille, se posant longuement sur chacun. Il ne pouvait plus parler : c'était son adieu. Ensuite, il joignit les mains ; et, dans le silence, il se recueillit devant son Dieu. Après, ce fut l'agonie : une agonie douloureuse qui se prolongea jusqu'au soir. Son organisme robuste, terrassé avant l'âge, semblait retenir son âme. A dix heures seulement, il entra dans son repos.

Deux jours après, un long cortège se déroulait à travers les rues calmes de Saint-Quentin. Il y avait là trente-deux pasteurs en robe, suivis d'une foule où les principales notabilités de la ville se mêlaient à la masse des protestants. Successivement, MM. Dejarnac, de Saint-Affrique, Boissonnas, Duconseil, Quiévreux, Lacheret, Emmanuel Lemaire, apportèrent leur témoignage ému à celui qui avait été, pendant de si longues années, l'âme de son Eglise, et qui avait fait honorer le protestantisme au milieu de ses concitoyens.

Sur la tombe d'Edouard Monnier, on a mis quelques plantes qu'il aimait : un petit sapin apporté des montagnes et un genêt dont les fleurs, épanouies en plein hiver, l'avaient souvent réjoui : ce genêt lui annonçait le renouveau prochain de la nature. Sur la pierre tombale on a gravé ce verset du Psaume 130 : « Mon Dieu, j'ai pris plaisir à faire ta volonté. »

C'était la devise de sa vie.

TABLE DES MATIÈRES

CHAPITRE PREMIER

LA MALGRANGE

CHAPITRE II

LA VOCATION

CHAPITRE III

PREMIERS TRAVAUX D'ÉVANGÉLISATION. — LA FRIMBOLE. FRESNOY ET GROUGIS

CHAPITRE IV

BELLEVILLE

CHAPITRE V

SAINT-QUENTIN

CHAPITRE VI

L'ÉVANGÉLISATION DU NORD

CHAPITRE VII

LA VIE ECCLÉSIASTIQUE

CHAPITRE VIII

LA VIE INTIME

DIJON, IMPRIMERIE DARANTIERE